나 (Harley)할리 타는 여자야

양호인 수필집

교음사

책 머리에

또 하나의 삶을 시작하며…

자그마한 키에 아담한 체구, 누가 보아도 약하게만 보이는 모습의 나, 숨길 수 없는 나의 콤플렉스다. 조회 시간에도, 공부시간에도 항상 맨 앞자리의 곱슬머리를 한 조그만 소녀는 수줍은 모습이다.

그런 나의 겉모습과는 달리 내안에는 불타는 열정과 욕망이 가득 차 있었는지도 모른다. 누군가에게 내 안의 이런 모습을 내보이려 애쓰진 않았지만 나도 모르는 사이에 나는 열정적 모습으로 살아가고 있음을 알았다. 아니 어쩌면 나의 콤플렉스를 상쇄하기 위해 부단한 노력의 소산이었는지 모른다. 어느 때에는 그 조그만 체구로 감당할 수 없는 일임을 알면서도 온 힘을 다하여 기어코 해내고야 말았던 지난날들이 오늘의 나를 있게 하였으리라.

열정의 화신인 빨간 구두를 신고 당당하게 나아가고자 했던 나의 지난 시간에게 물어본다. 너의 지난날은 어땠느냐고?

나는 말할 수 있다. 힘들고 어려웠지만 그 시간 동안 신명 나게, 열정적으로 살았노라고, 그리고 앞으로도 여전히 그러하리라고.

어느 무더운 여름날 빨간 구두를 신고 당당히 맞섰던 그날의 내가 지금도 나는 좋다.

어느 지인의 권유에 겁 없이 나선 글쓰기에서 지난날 열정의 시간들이 고스란히 꺼내어지고 있음을 알았다. 그곳에서는 내 유년도, 청년 시절도, 아프고 슬펐던 날도, 즐겁고 행복했던 날도 모두 아름다움으로 다듬어지고 있었다.

소녀 적 누구나 한 번쯤 꿈꾸어 보았던 글쓰기에 대한 작은 소망이 이루어지고 있는 순간이다.

글쓰기를 시작한지 겨우 3년, 부끄럽고 미숙한 글이지만 용기를 내어 책을 엮어 본다. 이제 겨우 시작한 글쓰기가 어느 날에나 무르익을 수 있을지 모르지만, 지금은 모자란 모습 그대로의 나를 내보여 보려한다.

이 부끄러운 시작에 용기를 주신 오경자 교수님께 진심으로 감사드린다. 그리고 이 설익은 글들을 맛깔나게 엮어주신 한국수필문학가협회 강석호 회장님, 강병욱 발행인, 이자야 편집국장님께 감사드린다.

출판비용을 선뜻 선물로 내준 아들 한석희, 며느리 정애리 정말 고맙다. 너희들이 있어 나의 오늘이 더욱 행복하다.

2016. 8.

안암 서재에서 저자 양호인

양호인 수필집

1부 우리들의 초상

2부 빨간 구두 아가씨

3부 골목 안 꼬마제왕

4부 내 안으로의 여행

5부 사진으로 말하다

6부 그 날은 반드시 오리니

7부 영화 속으로

우리들의 초상

해가 뉘엿뉘엿 넘어가는 등굣길에도,

밤 10시가 넘은 하굣길에도

우리의 꿈과 낭만 그리고 열정을 함께 했던 그곳,

삼미빵집은 우리 시대의 젊은 날, 우리들의 초상이다.

감동의 자장면

어린 시절 자장면에 대한 추억은 남녀노소 누구나 하나씩은 간직하고 있을 것이다. 우선 초등학교 졸업식 축하 음식의 대표 메뉴이니, 예나 지금이나 그 거무칙칙한 자장면의 묘한 맛은 어린 아이들에게는 더할 나위 없이 군침을 돌게 만드는 음식이 된지 오래고, 요즘도 여전히 사랑받는 대표 음식이다.

피망에서는 날이 따뜻해지면 4·19탑 공원으로 가끔 나들이를 간다. 휠체어를 타는 아이들은 선생님들이 한 사람씩 맡지만 다른 아이들은 장애의 경중에 따라 서로 짝을 지어 손을 잡고 나선다. 서로를 보듬어 주는 환경을 만들어 감이다. 하늘도 우리가 나선 길을 반겨 주는지 봄 날씨가 화창하기 그지없다. 공원을 향한 길가의 가로수는 연초록빛으로 단장하기 시작하였고, 공원을 둘러싼 담장에는 개나리 진달래가 흐드러지게 피었다. 여느 해 같으면 개나리가 먼저 피고, 진달래가 피고, 벚꽃, 목련이 번갈아 가며 꽃을 피우는 것이 순서인데 요즘은 겨울이 길어지다 보니 순서를 잊어버린 모양이다. 날씨가 갑자기 따뜻해지자 서로 제 모습을 순서 없이 내밀었지만 그 어우러짐이 또한 아름답다.

우리는 올해도 어김없이 매년 봄나들이 갈 때 마다 장애를 가진 친구들이 휠체어와 함께 드나들기 좋게 자리 잡은 그 집을 찾았다. 창밖을 보면 4.19탑 공원이 있어 요리를 먹는 즐거움과 함께 보기 좋게 조성된 공원 모습을 감상하는 즐거움도 함께 할 수 있는 곳이기 때문이다.

오늘은 농장반 친구들이 한 턱 낸다고 해서 피망의 온 식구가 길을 나섰다. 피망센터의 농장 반 친구들은 지적장애 2급, 또는 3급을 가진 장애인들이다. 2008년에 피망센터를 개원하면서 시작한 농장 가꾸기는 장애인들의 원예치료를 위하여 조성되었다.

원예치료의 목적은 생산물 가꾸기 과정을 통하여 장애인들의 수행능력과 다른 사람과의 상호작용, 환경과의 상호작용 등을 증진키기 위함이다. 잘 자란 화초와 작물의 수확은 그들 스스로 이루어낸 보람 있는 생산물로 여겨지고 결과적으로 클라이언트에게 치료의 혜택을 주게 된다. 활동을 수행하는 능력을 통해 개개인의 자아개념을 향상시키고, 장애인 자신이 인지하고 있는 개인적 능력과 통제력이 부정적인 순환을 깰 수 있게 되어 내적인 변화와 함께 치료 효과를 증진시킬 수 있다. 원예활동을 통하여 자연과의 상호작용과정에서 긍정적인 영향을 받고 성장과 회복, 기쁨의 기회를 얻게 함으로서 치료목적을 달성할 수 있다고 보는 것이다. 이러한 활동의 일환으로 피망센터 농장 반 친구들은 며칠 전 자활공동체 장터에서 그 수확물을 판매 하였다. 자활공동체 사업의 일환이긴 하지만 아이들의 통장에는 몇 만원씩의 돈이 입금된다고 한다. 정상인들의 세계에서 말하자면 성과급인 셈이다.

그 아이들은 천원의 가치, 만원의 가치가 얼마인지 모른다. 그저 그들이 수확하여 판매한 돈이 이렇게 그들이 통장에 입금되었다는 것을 알려주고, 사회성 증진을 위해 선생님과 함께 은행으로 가서 돈을 찾아보고 다시 입금시켜 보는 연습을 해보는 것이다. 그것만으로도 그 친구들은 억만금의 돈을 번 사람처럼 마음은 이미 하늘만큼 땅만큼 기쁘다. 내가 가는 날인 수요일에 그들은 모두 찾아와서 다투어 말하곤 한다.

“선생님 저 농장에서 돈 많이 벌었어요.” 이 한마디는 그들의 희망과 성취가 응축된, 아니 그들 부모의 희망까지를 포함한 어디에 내어 놓아도 모자람 없는 일성이다. 그 아이들에게 얼마나 벌었냐고 물으면 “많이 벌었어요.”, “제가 백만 원 벌어서 선생님 차 사 드릴게요.” 한다. 이 한마디가 그 친구들의 모든 노력이 응집된 결과물에 대한 최고의 자랑이다.

오늘은 5만 원이 든 통장을 받아 든 그 아이들의 엄마가 45명의 우리센터 식구들에게 중화요리 집에서 맛있는 자장면과 요리를 대접하는 날이다. 아마도 5만 원이 입금된 통장을 받아 든 엄마의 마음은 극심한 청년실업난의 정점에 있는 요즘, 대기업에 취직하여 수 백 만원의 월급을 받아 의기양양해 하는 잘 난(?) 자식을 둔 부모 보다 훨씬 더 뿌듯할 것 같았다. 45명의 식사비를 지불하려면 농장반 친구들이 받은 돈의

두 세배는 더 들어가야 할 텐데 얼마나 기뻤으면 아이들의 수입을 몽땅 합해도 턱없이 모자랄 밥값을 내겠나 싶은 생각을 하니 마음 한편이 아릿해 온다.

그런 저런 사정을 아는지 모르는지 아이들은 너무 맛있다고 야단이다. 중증 장애인들에게 먹여주고 나도 자장면 한 젓가락 크게 떠서 먹는데 그 맛은 그냥 음식 맛이 아닌 바로 감동의 맛이다. 농장반의 한 친구가 슬며시 다가오더니 "성생님 자장면 내가 산거예요, 마디쪄요?" 한다. 그래! 그래! 너무 맛있다며 웃어주는데 눈물이 나올려는 걸 억지로 참았다. 아이들과 함께 공원으로 가서 적당히 일광욕도 하고 사진도 찍어주고 귀소하려고 아이들의 수를 체크하는데 한 아이가 없어졌다.

자주 겪는 일이지만 이런 일이 생기면 우리 선생님들은 온 몸에 경련이 일만큼의 긴장감이 찾아온다. 아이들은 자기들의 특성에 따라 돌발행동을 하게 됨을 알면서도 늘 겪게 되는 일이다. 온 공원을 아이 이름을 부르며 선생님들이 다리품을 팔아도 못 찾던 H는 그 아이의 특성대로 박물관의 한 구석에서 얌전히 앉아 책을 보고 있었다. H에게 한참 찾았노라고 말하며 그 아이와 어깨동무를 하고 오는 선생님께 크게 손을 흔들어 주었다. 잃어버린 아이 찾느라 땀을 흘리는 절차까지 끝내고 난 후 돌아오는 길 그 봄날의 화창함은 더 할 수 없이 빛났다.

거무칙칙하게 그릇에 남겨진 자장에 군만두 한 개 찍어 한 잎 베어 물었을 때 느끼는 묘한 맛의 감동이 온 몸을 전율하게 한다. 아마도 아이들의 땀과 사랑이 듬뿍 담긴 천하제일의 맛이어서 그런 것일 게다.

(2013. 4. 17.)

우리들의 초상

식탁 위에 앙증맞게 데코 된 케이크가 살며시 유혹한다. 예전 같으면 벌써 없어졌을 케이크가 홀대 받는 느낌인지 "나 좀 먹어주세요." 하고 고개를 내미는 형상이다. 생활이 풍족해지면서 예전에는 빵 중에서 가장 귀한 대접을 받던 케이크가 달고 열량이 높다는 이유로 홀대 받는 처지가 되어 버린 셈이다.

1970년대 제주시 서문통의 제주상고(현 제주중앙고등학교)를 졸업한 학생이라면 누구나 한 번쯤은 가보았을 추억의 빵집이 있었다. 지금이야 피자, 파스타, 치킨 등 다양한 먹을거리와 간식거리가 넘쳐나는 시대가 되었으니 아마도 요즘 아이들이 듣는다면 실소를 하고 말 것이다. 하얀 밀가루 빵에 팥소가 들어간 빵은 나의 작은 손바닥 크기만 했다. 그때에는 우리 학교는 물론 제주시내 학생들의 필수 코스로 만남과 설렘, 모험까지 동반한 삼미빵집이다.

야간 고등학교에 다니던 우리는 학비 마련을 위해 회사나 가게의 사환 등을 하며 학교에 다녀야 했다. 다섯 시부터 시작되는 수업 시간에 맞추기 위해 네 시쯤 일을 끝내고 학교에 가려면 저녁식사는 언감생심이다. 향학열이 배고픔을 채우는 것보다 더 앞섰기에 배고픔 따위는 잊어버린다. 대부분은 버스비도 아까운 처지이니 30분 또는 사오십 분은 너끈히 걸어서 학교로 가는 것이 대부분이다. 그 지점, 꼭 학교 교문을 십여 분 쯤 남겨 둔 그 지점에 이르면 단 맛을 풍기는 그 하얀 빵(통칭 삼미빵이라함) 냄새가 오장 육부를 자극한다. 그러나 학교를 지각 할 수도 없고 주머니 사정도 여의치 않으니 그 냄새에 취한 코는 코대로 두고 발은 학교에 가있다.

2교시가 시작될 무렵이면 배에서는 꼬르륵 꼬르륵 소리가 여기저기서 들린다. 남들은 맛있는 저녁 먹을 시간이니 왜 아니 그러겠는가? 좀 더 용기 있는 한 학생이 외친다. "우리 삼미빵 내기하자!" 모두들 좋다며 나서서 지폐나 동전이 책상에 놓여진다. 가위 바위 보로 진 사람은 돈을 내고, 이긴 사람은 빵을 사 오는 내기이다. 역시 나는 내기에는 그 날도 젬병이었다. 책가방 속 깊숙이 숨겨 놓았던, 아끼고 아끼던 지폐가 속절없이 날아간 날이다.

사실 몸으로 때워서 그렇지 돈을 날린 것보다 더 무서운 것이 빵을 사러 가는 일이다. 학교 정문을 나갈 수는 없으니[1], 학교 교정의 후미진 곳의 담장을 넘어 쉬는 시간동안 총알 같이 다녀와야 한다. 만약 선생님께 걸리기라도 하면 엎드려서 엉덩이를 사정없이 맞거나 30센티미터 자로 손바닥을 맞았다. 요즘 아이들이라면 어떨까? 아마도 돈을 내는 길을 서슴없이 택할 것이다. 그러나 그때 학생들에게는 시쳇말로 돈이 금보다 더 귀하다고 생각할 때이니 그깟 손바닥 몇 대 맞는 것쯤은 아무것도 아니었다. 어찌되었건 빵을 사러간 친구들은 쉬는 시간이 다 끝나갈 즈음에야 간신히 돌아와서 하나씩 배분되었다.

수학시간이다. K 선생님은 노총각으로 무섭다고 소문이 나 있었다. 자그마한 키에 강단이 있어 보이는 그 분한테 걸리면 국물도 없다는 정평이 나있다. 내 자리는 예나 지금이나 키가 작은 탓에 멘 앞자리였다. 그것도 교단 바로 앞 중앙. 사다 놓은 빵에서는 맛있는 냄새가 솔솔 난다. 뱃속에서는 빨리 들어오라고 아우성을 친다. 옆에 있는 친구를 툭툭 쳤다. 먹어보자는 유혹이다. 수업이 눈에 들어 올 리 없다. 사실 그 시절에는 국, 영, 수만 잡으면 학교 성적은 걱정 없다. 아마 지금도 매일

---

1) 그 시절엔 왜 그랬었는지 모르지만 학교에 들어오면 수용소도 아닌데 수업이 끝나야 나갈 수 있는 것이 정석이다.

반일 것이다. 그런 수학시간이니 얼마나 중요한 시간인가.

나는 비교적 수업시간에 잘 듣는 편이다. 특히 중요한 시간은 놓치지 않고 노트필기도 하고 질문도 잘하는 학생으로 수업 집중도가 높은 편이라고 자부 할 수 있다. 그런데 그 놈의 삼미빵 냄새가 내 코를 자극하는 데는 당해낼 도리가 없었다. 내가 먼저 조금 베어 물었다. 그 맛이 천국의 맛이다. 두 번째, 세 번째, 옆자리 친구도 따라 베어 문다. 살금살금 씹어 삼키며 눈은 칠판을 향한다. 선생님의 눈을 피하기 위해서이다. 다행히 내 책상은 교탁 바로 앞이어서 교탁에 가려져서인지 선생님 눈에는 잘 보이지 않는 모양이다. 좀 더 용감해진 우리는 책을 세워 눈 밑을 가리고 열심히 베어 대충 씹어 삼켰다.

내 손바닥만 하던 빵이 손가락 마지막 마디만큼 남았을 때이다.

"양호인 그대로 일어나!"

마지막 빵이 입에 막 물리는 순간이었다. 나는 어쩔 수 없이 빵을 입에 문채 그대로 일어설 수밖에 없었다.

"너 혼자 먹었어?"

"네."

"앞으로 나와."

나머지 빵을 내려놓으려는 나를 향한 선생님의 일갈이다.

"빵 물고 나와"

반 친구들은 요즘말로 빵 터졌다. 여기서 키득 저기서 키득 난리도 아니다. 나는 그 아까운 빵을 문채로 손을 들고 교단 옆에 섰다. 입에 문

빵은 침에 젖어 자꾸만 녹아든다. 어쩔 수 없이 조금씩 삼킬 수밖에. 마지막 빵은 입술에 간신히 걸터앉았다. 그런 내 모습이 우스운지 친구들은 자꾸만 키득거린다. 아마도 내 얼굴빛은 처음엔 홍시였다가 흙빛이 되어가고 있었을 것이다.

수업이 끝나갈 즈음 K 선생님은 문제를 풀어나가다가 나를 부른다. "양호인 이 문제 풀 수 있어?" 선생님의 단호한 말에 무조건 "네" 하고 대답했다. "그래? 이 문제 풀면 용서해준다" 내가 어찌 알겠는가? 칠판은 보지도 못하고 있었는데 무슨 문제인지?

등에서, 이마에서 식은땀이 흘렀다. 이 자리에서 용서를 못 받는다면 나는 수업이 끝나고도 교무실까지 가서 맞을지도 모른다는 불안감이 엄습해온다. 입에 물고 있던 나머지 빵은 에라 모르겠다 싶어서 꿀꺽 삼켜버렸다. 또다시 반 친구들의 키득거림이 여기저기서 들린다. 나에겐 그깟 키득거림이 중요한 게 아니었다. 문제를 풀어야 하는 절체절명의 순간이 더 중요했다.

겁도 없이 칠판을 향한 내 눈앞의 문제는 이상하게도 간단한 문제가 기다리고 있었다. 의아하긴 했지만 간단히 풀었다. K 선생님은 "너 오늘 그 문제 못 풀었으면 집엔 다 갔어 알아?" 하며 들어가란다. 그땐 정말 십년감수했다는 말을 이런 때 쓰는 거라 생각했다.

후에 알았지만 그 무서운 총각 선생님은 우리들이 얼마나 배고팠으면 그랬을까 싶어 일부러 쉬운 문제를 냈다고 동료 선생님께 말씀 하셨단다. 지금 아이들이 들으면 참 슬프고 이해 안가는 얘기일지 모르지만,

우리 생각은 다르다. 그것도 모두 꿈을 향한 낭만과 열정의 시간이었기 때문이다.

또 다른 총각 선생님은 여학생들의 성화에 못 이겨 끌려간 삼미빵집에서 여러 명의 여학생들에게 둘러싸여 삼미빵의 그 하얀 속살이 푹 젖도록 물 컵에 담갔다가 크게 베어 드신 후, 부끄러움인지 당황함인지로 벌게진 낯빛이 되어 멋쩍게 웃으시던 모습도 생각난다.

해가 뉘엿뉘엿 넘어가는 등굣길에도, 밤 10시가 넘은 하굣길에도 우리의 꿈과 낭만 그리고 열정을 함께 했던 그곳, 삼미빵집은 우리 시대의 젊은 날, 우리들의 초상이다.

지금 그 빵집은 어떤 모습일까? 그리고 그 날 내 모습에 꽂혀 키득거리던 반 친구들은 지금 무엇에 꽂혀 지내고 있을까? 빵 맛은 아직도 그대로일까? 다음에는 한 번 찾아가 봐야겠다.

먹음직스럽게 치장을 한 케이크를 한 입 크게 베어 먹는다. 달달하고 부드러운 식감이 혀를 자극한다. 그러나 아무리 시대가 변하고 질이 좋아져도 역시 그 시절 그때의 삼미빵 맛을 따라갈 수가 없음은 내 가슴속에 남아있는 추억의 맛을 잇을 수 없기 때문일 것이다

(2015. 7. 21.)

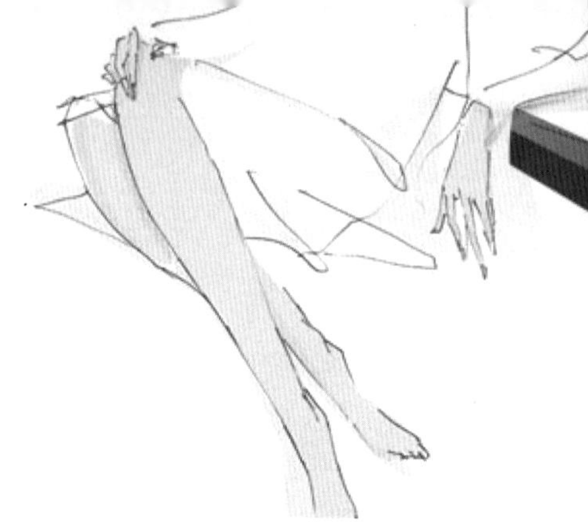

일만 육천오백 원

나에게는 매년 서너 번 쯤 만나 이런 저런 일상을 즐기며 만나는 두 친구가 있다. 풋풋했던 20대에 만나 지금까지 다사다난 했던 격랑의 세월을 함께 보내며 삶의 언저리마다 슬픔도 기쁨도 함께 해온 친구들이다. 내가 건강이 너무 나빠져서 세상살이를 그만두고 싶을 만큼 힘들었던 시간들도 그 친구들이 있어 이겨낼 수 있었음을 부인할 수 없다.

한 친구는 10여 년 전 만두 대리점 사장이었던 남편을 먼저 보내고 혼자 된 후에도 매주 거르지 않고 아직도 남편 산소를 찾는 지고지순한 사랑의 화신이다. 다른 한 친구는 인쇄소 사장님이었던 자신의 화려한 날을 뒤로하고 지금은 남편의 사업실패로 연금마저 압류 당하는 설움을 가진 친구이다.

하지만 두 친구는 그런 아픔 쯤 아무렇지도 않다는 듯 열심히 살아가고 있다. 그 화려한 날들은 모두 잊었는지 한 친구는 동대문시장에서 단추를 싸고, 한 친구는 조그만 마트에서 경리사원을 하며 아이들을 공부시키고 결혼도 시킨 멋진 친구들이다.

최저임금보다 조금 더 받는 급여 봉투에서 절반을 뚝 잘라 저축을 하며 알뜰히 살아가는 친구, 그 친구들과의 만남은 매 번 내 안의 것들을 모두 내려놓고 마음 편하게 뒹굴 거리며 보낼 수 있게 해준다.

두 친구의 부름을 받고, 전 날 다른 친구들이랑 어울리느라 지친 나는 온 몸이 쑤시는 듯 아팠지만 거절 할 수 없는 부름에 자동차에 몸을 실었다.

포천에 있는 친구네로 갔더니 아침상이 마련되어 있다. 내가 좋아하는 갖은 나물에 청국장 한소끔 끓여서 낸 아침 식사는 참살이 음식의 진수였다. 우리들의 나들이 코스는 으레 산정호수를 한 바퀴 돌고 점심식사 후 한화콘도 사우나에 들르는 것이 정석이다. 그러나 오늘은 내 컨디션을 염려한 친구들이 사우나로 직행하자 한다.

사우나로 향하는 동안 따스한 햇살이 차창으로 들어와 마치 우리들의 외출을 반기는 듯하다. 매 번 가는 곳이지만 내 기억으로는 지은 지 오래되어 조금 지저분했던 것 같던 사우나 입구는 깔끔하게 변해 있었다. 들어가는 입구 접수창구에는 전에 없이 말끔하게 차려 입은 젊은 남자 직원이 응대를 한다. 전례 없이 줄을 서고 있는 모습이 낯설었고, 줄은 우리를 한참 기다리게 했다.

줄을 선 친구가 비켜선 사이로 보이는 게시판의 입장료는 꽤 비싸져서 내 친구가 내기에는 부담스럽다는 생각이 들었다. 은근슬쩍 이리 나오라며 자리를 바꾸고 계산을 하려는데 포천 사는 사람은 할인이 된다는 메모가 눈에 들어왔다. 포천 사는 친구가 있으니 한 사람은 50%쯤 할인이 된다하기에 친구를 불러 세우고 신분증을 달래서 절차를 밟는데 시간이 꽤 걸렸다. 그때 뒤에 있는 일행인 군인 대여섯 명이 한참을 기다리는 것 같아 먼저 해드리라고 양보를 하였다.

양보를 받은 군인들은 기분이 좋은지 씩씩하게 거수경례를 하며 고맙다기에, 양보한 시간만큼 물이 식었을 텐데 멋진 군인아저씨 인사 받으니 물이 다시 뜨거워 질 거 같다면서 농담을 하자 큰소리로 감사하다며 인사를 한다. 다시 카운터에 서서 계산을 하려는데 우리의 양보가 고마웠는지 16,500원만 내라고 한다. 타지인인 우리들까지 모두 현지인 요금을 적용해 준 것이다.

그 작은 친절이 너무 기쁜 나머지 나는 "16,500원이래, 오늘은 운수대통한 날이니 점심도 내가 쏠게." 하며 호기를 부렸다. 나의 호기에 친구들은 오늘 16,500원 때문에 대박 났다며 좋아한다. 사우나로 들어간 우리는 더욱 기분이 좋아졌다. 새로 리모델링을 하여서 아주 깨끗하고 분위기도 좋아졌으며 무엇보다 수질도 완전히 달라져서 피부에 닿는 느낌이 상쾌했다. 그런 상큼한 기분으로 한참을 따끈한 사우나에 뒹굴며 누우며 보내어서인지 몸살기가 있던 컨디션도 좋아졌다.

오늘 점심은 내가 쏘기로 하였으니 조금 멀리가자고 나섰다. 친구들의 입장과 자존심을 챙겨 주느라 매 번 저렴한 음식점만을 골라서 다녔던 것이 못내 아쉬웠던 참이다. 친구들을 위해 조금 비싼 음식점을 가려고 해도 친구들이 부담스러워할까 봐 조심하던 터였다. 오늘은 16,500원을 벌었으니 오랜만에 폼 나는 음식 좀 먹자며 너스레를 떨고 나서 고모리에 있는 멋스럽고 운치 있게 단장한 한정식 집으로 갔다. 조미료를 쓰지 않는다며 담백하고 소박한 그릇에 담겨진 음식은 늦은 점심을 먹는 우리에게 더없이 맛깔스러웠다.

해가 뉘엿뉘엿 넘어갈 즈음에야 서울로 향하는 우리에게 포천 친구는 손수 장만한 갖은 나물 무침들을 조금씩 넣어준다. 그리고는 오늘 16,500원 때문에 대박 나서 즐거운 시간에 맛있는 음식까지 같이 할 수 있어서 즐거웠다며 배웅해 주었다. 16,500원이 가져단 준 가슴 설레는 행복한 시간, 그 친구들과 오래도록 오늘 같은 시간들을 함께 하며 건강하게 살아가고 싶은 작은 소망을 가져 본다.

귀갓길은 오늘의 우리를 축하함인지 도로가 뻥 뚫려 있다. 덕분에 내 적성에 딱 맞는 운전을 할 수 있어서 액셀러레이터를 밟는 발끝에서 조차 콧노래가 흘러나왔다.

(2014. 1. 7.)

쌈 채소를 담는 그릇

비가 내린다. 빨간 레인코트를 입고 집을 나섰다. 더디 가는 겨울이 삼월까지 계속되어 추위가 한창이던 때 여름용 빨간 레인코트를 세일한다기에 아가씨 같은 심정이 되어 사두었다.

여름 코트여서 추위 탓에 입을 수 없었는데 오월이 되자 날씨가 갑자기 때 아닌 여름이 되더니 장맛비처럼 많은 비가 내렸다. 이때다 싶어 옷장에 걸어 놓은 레인코트를 꺼내어 입었다. 발걸음이 사뿐 거리는 것이 행복함이 가슴 가득 차오르는 느낌이다.

남들이 보면 나이 든 아줌마가 주책이라고 여길 만큼 빨간 색이지만 내 마음을 사로잡은 걸 어쩌란 말인가? 하여, 남들이 그러거나 말거나 입고 나섰더니 그 기분 아주 괜찮았다.

피망의 유리문을 힘차게 밀며 들어서는데 농장반 아이들이 선생님 오신다며 인사를 하고 옷이 예쁘다며 다가와 만져보기까지 한다.

아이들이 있는 가판대에는 쌈 채소가 가득 쌓여 있었다. 언제 농장 갔다 왔냐는 내 물음에 아침에 가서 뜯어 왔다면서 오늘 제가 이거 다 팔 거라며 한 아이가 으쓱댄다. 그런데 가판대에 놓인 쌈 채소 묶음은 오늘 따라 유난히 많아 보였다. 아마도 비가 와서 그 동안 작업을 하지 못했던 탓에 양이 많아진 모양이다.

피망의 아이들에게 오늘 맡겨진 쌈 채소 팔기 수업은 아이들의 사회 적응훈련 프로그램의 하나이다. 쌈 채소를 팔면서 사람들과 소통하는 법을 익히고, 상거래를 하는 방법과 셈법을 익혀 아이들의 사회성 향상에 기여하게 된다. 인사를 마치고 교실로 들어가 다른 반 아이들이랑 수업을 진행하는 동안 내 머릿속은 온통 아이들의 쌈 채소 팔기 수업에 온 맘이 가 있었다. 잘 하고 있는 것인지? 다 못 팔면 어쩌나 하는 기우 아닌 기우까지, 어쩐 일인지 전에 없이 마음이 많이 쓰인다.

중증 장애인들에게 점심 식사하는 것을 도와주고 나서 얼른 가판대로 갔다. 오전이면 다 팔아야 할 쌈 채소는 아직도 꽤 많은 양이 남아 있다.

"애들아! 선생님이 쌈 채소 열여덟 개 살 테니까 준비 좀 해 줄래?" 그러자 아이들은 열 손가락을 다 펴도 모자라는지 한 아이는 손가락을 연신 폈다 구부렸다 한다. 아이들 중 제일 맏이인 H가 왜 그렇게 많이 사냐는 투로 쳐다보며 이해 할 수 없다는 듯이 눈만 멀뚱거린다. K는 그렇게 많이 먹어요? 하며 놀란 눈을 하고 있다. 선생님 친구들에게 하나씩 나누어 줄 거라고 하여도 의아함은 풀리지 않는 모양이다.

담당 선생님의 도움을 받아 아이들이 큰 박스에 열여덟 묶음을 담아 놓자 나는 오만 원짜리 지폐를 주며 거슬러 달라고 했더니 난리가 났다. 포장을 하면서도 열개만 넘어도 반복해서 헤아려야 하는 아이들은 수차례 거듭한 끝에 겨우 포장하는 일을 끝마쳤는데, 거스름돈을 계산하려니 더욱 복잡해진 것이다. 선생님은 만 원짜리 다섯 장과 오만 원짜리를 설명하느라 진땀을 빼고, 다시 천 원짜리와 만 원짜리의 차이를 설명하고 이해시키느라 야단법석이다. 한 시간도 더 지나서야 나는 거스름돈을 간신히 받을 수 있었다. 거스름돈을 받고 돌아오는 발걸음이 왜 이리도 사뿐거리는지, 공중으로 날아오를 것만 같은 그런 기분이었다.

쌈 채소를 사는 동안 아이들과 함께 했던 시간은 행복이라는 바구니에 가슴 벅찬 감동도 덤으로 사고 있었다는 생각이 들었다. 아이들과의 시간을 마치고 자동차 트렁크에 가득 실린 쌈 채소 상자를 떠올리면서 합창연습 하러 가는 동안 저절로 콧노래가 흘러나왔다.

전체 카톡으로 유기농 쌈 채소를 합창단 전원에게 선착순 열여덟 명에게 선물한다고 공지한 터라 합창단원들은 웬 거냐며 좋아한다. 20여 명이 참석한 1부 합창연습이 끝나고 하나씩 나누어 주며, 나는 오늘 이 쌈 채소를 사면서 어떤 화려한 쇼핑에서도 느낄 수 없었던 감동을 선물받았고, 지금 이 순간 여러분에게 나누어 주면서까지 더할 수 없는 행복함도 함께 선물한다고 말하는데 나도 모르게 가슴이 뭉클해졌다.

K는 그 아이의 특성대로 자기가 아는 모든 이들을 붙잡고 자기가 쌈 채소 열여덟 개를 한꺼번에 팔았다며 자랑하고 다닌다. 내가 우스갯소리

로 내가 샀다고 말하라고 했더니 정말 그러고 다닌다. 아마 오늘 하루 종일 그럴 것이다. 삼만 육천 원 어치 쌈 채소를 산 나는 아마도 저녁때쯤이면 K덕으로 전생에 나라를 구한 사람만큼 되어 있을지 모른다.

아마도 행복이란 이런 것일 것이다. 비가 오기를 학수고대 하며 기다려 장롱 속에 넣어 둔 빨간 레인코트를 꺼내 입은 날, 코트 깃을 따라 또르르 흘러내리는 작은 물방울의 경쾌한 설렘을 느끼는 것, 사소하고 작은 것에 감동할 수 있는 마음을 갖는 것, 행복함을 품을 수 있는 작은 그릇 하나를 가슴에 담고 사는 것, 그런 것이 바로 행복이라는 생각이 든다.

"선배님께서 선물로 주신 채소로 오늘 저녁 맛있게 쌈 싸먹었습니다." 합창단의 어느 남자 후배가 보낸 문자 메시지 내용이다. 레인코트의 깃을 여미고 걷는 발걸음이 한결 가벼움은 쌈 채소를 담는 그릇 속의 싱싱하고 행복한 마음 자락 때문이리라. (2013. 5. 31.)

어느 자유인의 메시지

"비바람과 폭풍이 없다면 높푸른 하늘이 그토록 아름답고 감사하겠습니까?"

봄이 오는 길목인가 하여 버들강아지가 고개를 내밀려 하는데 느닷없이 파랗고 시린 하늘이 찬 공기를 몰고 온 아침, 어느 지인이 카톡 방에 올린 메시지다.

차디찬 공기에도 불구하고 이 메시지는 마치 봄의 여신 마냥 내 가슴을 따뜻하게 한다. 누구나 공감 할 수 있는 평범한 이 글귀가 가슴에 와 닿음은, 오늘 아침 하늘이 유독 푸르러서인지도 모른다. 권력의 중심에 있던 그 분은 어느 날 갑자기 영어의 몸이 되어 부자유한 생활을 몇 년 동안 겪어야만 했다. 주변 사람들은 물론 본인도 상상하지 못했을 그 시간을 보내는 동안 그 분은 자신이 감당해야 했던 것들로부터 자유로워지는 법을 배우게 되었나보다. 이제 그 분에게 불어 닥치는 어떤 종류의 거센 비바람과 폭풍우도 그 분의 자유를 침해하지 못할 것임을 안다. 분노하거나 실망스런 일들이 다가오는 방향이 달라졌기 때문이라 말하며 그분은 영원한 자유인이 되었다. 오늘 아침 저 만한 글을 올릴 수 있음은 결코 우연이 아니다.

20여 년 전 10월 어느 가을날, 가을비가 내려서인지 병원의 침상에서 바라본 바깥세상은 가을 단풍이 더없이 아름다웠다. 차갑게 내리는 빗물을 머금은 단풍은 마치 핏빛보다 더 붉디붉은 치명적인 아름다움을 자아내고 있었다. 그 아름다움 때문인지, 내 신세가 처량해서인지 그날 갑자기 내 볼을 타고 흘러내리기 시작한 눈물은 그칠 줄을 몰랐다. 병원에 입원한지 3개월이 다 되어가고 있는데도 나아질 기미를 보이지 않는 내 병세가 슬프고 두려워가고 있어서인지도 모른다.

아이를 낳고 난 후 갑자기 찾아온 병마는 그때 이미 5년을 넘어서고 있었다. 직장을 다니긴 하였지만 수시로 병원 신세를 지던 내가 급기야 장기 입원을 하게 될 지경에 이르고 말았다. 수백여 미터 떨어진 곳에 위치한 병원 주방에서 요리하는 음식 냄새, 아주머니들이 나눠 주는 병원 식사 냄새조차 자극이 되어 심한 구토를 하게 되는 일이 반복되자 나는 심한 정신적 딜레마까지 겪게 되었다. 음식을 먹을 수 없음이 이처럼 고통스러울 수 있음을 감히 상상이나 할 수 있었으랴. 건강할 때에는 밥 맛 없음이 무슨 뜻인지조차 이해할 수 없었던 내가 밥알이 모래알 같다는 어르신들의 말씀을 삼십대에 터득하고 말았다.

이유를 알 수 없는 상황은 시간이 지나면서 내 온 정신과 육체를 피폐하게 만들어 갔다. 그 비 오는 가을날의 창밖 풍경은 그렇게 피폐해질 대로 피폐해져 버린 내 영혼과 육신에 대한 절망감을 어찌 할 수 없음에 오열하고 있었음이다.

그 순간 불현듯 요양 차 내려가 있던 제주에서 신발장 맨 위쪽 선반에 놓인 제초제를 쳐다보던 내 모습이 떠올랐다. 키가 작은 내가 손이 닿지 않은 곳에 놓여있던 그 약병에 눈길이 머물러 한참을 쳐다보고 있었다. 가슴이 방망이질 치기 시작했다. 그 모습을 보는 내 표정이 심상치 않아 보였는지 엄마가 과수원에 가야겠다며 약병을 주섬주섬 광주리에 담으신다. 정신이 번쩍 들었다. 무슨 생각을 하고 있단 말인가? 태어나자마자 병마에 시달리는 병약한 엄마를 두게 된 내 아이가 한 번도 엄마의 젖가슴에 안겨 본 적이 없다는 사실이 내 정신을 붙들어 매게 하였는지 모른다.

아침부터 시작된 내 울음보는 밤이 깊어지고 지쳐 잠이 들고서야 끝이 났다. 그러나 기억조차 하기 싫은 그 날의 내 울음바다가 어쩌면 나를 일으켜 세우는 기폭제가 되었는지도 모른다. 그 후 내 병증은 조금 낳아지기 시작했고 나는 적극적으로 나를 다스리는 법을 익히기 시작하였던 것 같다. 생을 놓아 버리고 싶은 고통스러운 순간에도 나에게 가족에 대한 책임감이란 것이 없었다면 아마도 오늘이 없었을지 모른다. 자신보다 더 소중하게 책임져야 할 가족이 있다는 것은 큰 부담으로 오기도 하지만 삶의 끈을 놓지 않게 하는 큰 역할을 하게 한다. 그 순간 가을 풍경 속에 클로즈업된 내 삶의 한 가운데에 커다란 바위처럼 버티고 있는 것이 사랑이었는지 책임감이었는지 알 수 없지만, 어쨌든 그날 나는 그곳에서 나를 일으켜 세운 큰 기둥하나를 발견한 셈이 되었다.

누군가가 고통으로부터 자신을 일으켜 세움은 그 만큼의 큰 기둥 하나를 가슴에 세우게 되는 것일 것이다. 그 후에도 수차례 다가온 그 병마는 10여 년을 나를 고통스럽게 하였지만, 37킬로 밖에 안 나가는 내 몸무게를 지탱하기 시작하면서부터 내 안에는 나를 이기는 법, 나를 버리는 법, 나를 다스리는 법으로 살찌우고 있었음을 후에 알았다.

이제 나는 어떠한 시련이 온들 무슨 상관이랴 라는 심정으로 살아간다. 그것들은 이겨내면 될 테니까. 올 테면 오라 한다. 네가 오는 숫자만큼 나는 더 강해질 것이고, 그러면 어느 날엔가 시련이나 고통은 더 이상 시련도 고통도 아닌 게 됨을 알기 때문이다. 오늘 나에게 다가온 아픔이 훗날 내 인생의 자양분이 되고 있음을 진작 알았더라면 그 고통의 순간에 내가 덜 아파할 수 있었는지 알 수 없다.

그러나 그 시간이 지나간 지금, 이제는 알 수 있다. 그 아픔이 있어 오늘 내 시간이 더 소중하고, 더 풍요하며, 더 강해져가고 있음을…. 8년 전에 하늘나라로 가신 나의 엄마도 오늘 내 모습을 보고 계시다면 광주리에 황급히 주워 담아 옮긴 그날의 당신의 선택이 못 난 딸을 지켜주었음을 아시고 흐뭇해하시리라.

이 화창한 아침! 영혼마저 자유인이 된 그 분이 보내준 메시지 한 구절이 내 삶의 여정에서 만났던 격랑과 아픔을 되짚어 보게 한다. 거센 비바람과 폭풍을 몰고 왔던 그 아픔이 있어 오늘 내 삶이 더 풍요해졌음을 감사하며, 내일 또한 감사함으로 맞이할 것이다. (2015. 2. 8.)

히포크라테스 정신

얼마 전 친구의 아들 J군이 감곡에 치과를 개업했다. 감곡은 성지순례지인 감곡성당이 있는 곳이다. 감곡성당은 파리 외방선교회 소속 신부가 입국하여 세운 성당으로 사제는 사목 지를 찾던 중 대궐 같은 집을 발견한다. 신부는 꼭 그곳에 성당을 세우고 싶은 마음에 간절히 기도하였다.

당시 이곳 대궐 같은 집은 명성왕후의 육촌 오빠인 민응식의 집으로 1882년 임오군란 때 명성왕후가 피신 왔던 곳이기도 하다. 간절한 기도덕이라 여기며 신부는 1896년 5월 성모성월에 그곳의 집터와 산을 매입하여 10월 7일에 감곡매괴성당을 설립하였다고 한다.

지금은 천주교 신자들이 자주 찾는 성지순례지로도 유명하다. 감곡면 소재지인 그 곳은 시골이긴 하지만 치과 주변으로 상권이 꽤 크게 형성

되어 있고, 예전부터 권력가가 살던 곳이어서인지 농지도 상당히 넓어 보여 전통적으로 부유한 동네인 듯 보였다. 곳간에서 인심난다 하였으니, 아직은 새내기 치과의사인 J군이 모처럼 잡은 터이니 감곡매괴성당 임가밀로 신부의 기원이 이루어진 것처럼, 치과가 잘 되어 J군도 히포크라테스 정신이 살아있는 진정한 의사가 되었으면 하는 바람을 오랜 전통을 가진 성당의 성전에서 기원했다.

친구들은 치과 개업을 축하해 주러 간 김이니 다른 것은 시간이 안 되어 어쩔 수 없더라도 치석제거나 전부 하자며 나선다. 치과 의자에 앉는 걸 싫어하는 나도 꼼짝없이 잡혀 앉는 신세가 되고 말았다. 금속성의 서걱거리는 이 느낌! 이 느낌이 나를 치과에 가기 싫게 만드는 원인이다. 아무리 싫다한들 어쩌겠는가! 분위기상 어디로 빠져나갈 구멍이 보이질 않으니….

치석제거 과정이 끝나고 치아 점검을 한다며 치아 촬영용 카메라를 이리저리 들이댄다. 속으로 멀쩡할 텐데 하며 나를 다독인다. 그런데 이게 어찌된 일인가? 충치가 있단다. 그것도 꽤 진행이 되어 발치를 해야 될지도 모르니 서울에 가면 빨리 치과에 가보라며 겁 아닌 겁을 준다. 무슨 소린가? 지난 11월에 건강검진을 받을 때도 아주 좋은 상태라며 치아관리를 잘했다고 칭찬까지 들었는데. 알았다며 고맙다고 하고 일어나 서울로 오는 길, 새내기 의사의 오진일 것임을 잔뜩 품은 의심의 마음을 숨겼다.

30여 년 전부터 다니던 L치과로 갔다. 치아가 비교적 건강한 편이라 자주 치과를 찾는 것은 아니지만 의사가 알아보고 오랜만이라며 친절이 맞이한다. J군의 진단결과를 자초지종 이야기하자 알았다며 진료를 시작한다. 결과는 J군의 진단과 같단다. 다만 나이를 먹으면 치아가 석회화 되어 충치 벌레도 잘 안 먹는지 더디게 진행되니 엑스레이를 찍고 확인 후 좀 더 경과를 보잔다. 벌레도 나이를 먹은 사람의 치아는 맛이 없는 모양이다. 촬영 결과 6개월 후 쯤 다시 재촬영 해보고 결과에 따라 대응하는 것이 좋겠다며 걱정 말라는 듯 어깨를 가볍게 두드려 준다. 얼마나 좋은지 십년 묵은 채증이 싹 낳은 기분이다. J군에 대한 의심에 대해 미안한 마음은 까맣게 접어버리고 마냥 좋아하는 나의 철없음에 슬며시 웃는다.

엑스레이 결과를 기다리는 동안 의사는 덩치 큰 사내아이를 진료한다. 덩치로 보아서 고등학생처럼 보이지만 말투가 좀 이상하다. 요즘은 성장이 빠르긴 하지만, 의사는 환자를 마치 어린아이 다루 듯하며 진료한다. 아마도 보철을 할 모양이다. 보철은 장기간 동안 치료하는 과정이 필요하니 환자가 지켜야할 것들이 많은 모양이다.

그런데 환자는 엄마가 지키라고 하는 것은 잘 안 듣는 모양으로, 엄마는 의사 선생님 말씀만 듣는다며 아이에게 지켜야할 것들을 잘 주지시켜 주기를 부탁한다. 아이는 엄마가 하는 말을 가로 막으며 의사와의 대면에만 관심을 갖는 듯하다. 단골인 듯한 의사는 진료하는 동안 아이의 관심사를 함께 이야기하며 친분을 두텁게 쌓는 모양이다.

진료를 끝내고 수고했다며 아이를 안아준다. 그 아이는 경증 지적장애아로 중학교 2학년이란다. 특성상 아이는 자기관리가 서툴러 장기간을 요하는 보철을 하는 동안 지켜야 할 것들을 소홀히 할 수밖에 없을 것이다. 이를 걱정하는 엄마는 의사의 눈만 쳐다본다. 의사는 엄마와 함께 나가려는 아이를 불러 세운다. 의사가 금고에서 갓 꺼낸 빳빳한 천 원짜리 지폐 다섯 장을 용돈이라며 손에 꼬옥 쥐어준다.

"OO아 선생님이랑 약속한 거 알지?",

"네"

"네가 선생님이랑 약속 지키려면 많이 힘드니까 참느라고 힘들면 이 돈으로 한 장씩 맛있는 것 사먹어."

그리고 선생님은 온화하고 해맑게 웃으신다. 그 모습을 바라보는 내 가슴이 따뜻해 온다. 그리고 30년 동안 쌓아 온 L의사에 대한 나의 신뢰의 탑도 크게 자라고 있음을 느낀다.

이런 것이 히포크라테스 정신[2)]일 것이다. 명시된 10가지 조항과 상

---

2) 1.나는 은사에 대하여 존경과 감사를 드리겠노라. 2.나의 양심과 위엄으로서 의술을 베풀겠노라. 3.나의 환자의 건강과 생명을 첫째로 생각하겠노라. 4.나는 환자가 알려준 모든 내정의 비밀을 지

관없이 환자가 편안한 마음으로 의사와 교감하고 두텁게 쌓인 신뢰로 자신을 온전히 맡길 수 있도록 해 주는 마음을 가질 수 있게 하는 것 말이다. L의사의 조그만 배려로 아이의 엄마는 보철하는 기간 동안 아이가 주의사항을 개을리 할까봐 걱정하지 않아도 될 것이다. 아이에게는 의사의 말을 따를 수밖에 없도록 하는 무한한 사랑을 주는 것, 이런 것들이 참된 히포크라테스 정신이 아닐까?

요즘 성형부작용으로 국내는 물론 중국, 동남아 국가 등 여타 외국 사람들에게까지 지나치게 상업화된 의료행위로 의료 강국 한국의 위상마저 흔들리게 하고 있다는 보도가 만연하다. 그런 와중에도 이처럼 진정한 의술을 행하고 있는 L의사의 따뜻한 행동은 진한 감동을 주기에 충분하다. 진정한 히포크라테스 정신을 실천하는 의사에게 내 치아를 맡기게 된 내 마음도 푸근하고 따뜻하다. (2015. 5. 29.)

키겠노라. 5.나의 위엄과 고귀한 전통을 유지하겠노라. 6.나는 동업자를 형제처럼 생각하겠노라. 7.나는 인종, 종교, 국적, 정당정파, 또는 사회적 지휘여하를 초월하여 오직 환자에 대한 나의 의무를 지키겠노라. 8.나는 인간의 생명을 수태된 때로부터 지상의 것으로 존중히 여기겠노라. 9.비록 위협을 당할지라도 나의 지식을 인도에 어긋나지 않게 쓰겠노라. 10.이상의 서약을 나의 자유의사로 나의 명예를 받들어 하노라.

소금이라니, 소금이라니…

지난 4월이다. 고교 동창생들이 제주에서 올라오고 서울에서 내려가 주왕산 입구에서 만났다. 해마다 봄이면 한 번씩 있는 행사로 초로의 아저씨 아줌마가 된 우리들의 만남이다. 발목을 다친 나는 산행을 포기하기로 하고 길을 나선 것은 순전히 주산지 때문이다. 사진 인들이 많이 가는 곳으로 기괴하게 생긴 수양버들이 물 위에 투영되어 아름다운 영상을 만들어 낼 수 있는 곳이다. 지인들은 여러 번 갔었다는 데 공교롭게도 나는 한 번도 가 본적이 없는 곳이라 친구들이 산행하는 동안 사진을 찍을 요량이었다.

새벽 6시에 출발한 차는 전용차로를 달릴 수 있었던 덕에 11시쯤 도착했다. 시원하고 상큼한 공기와 연초록 나무들, 요즘 들어 부쩍 많아진 이팝나무 꽃이 만발한 길은 우리들의 마음을 산뜻한 감성으로 바꾸어 놓는다. 모두들 시인인양, 화가인양 들뜬 표정이 된다. 심산유곡의 계곡물 흐르는 소리에 귀 기울이고 차가운 물에 발을 담가보며 모두들 소년, 소녀가 된다. 산행의 귀재인 동시에 사진가이기도 한 L은 전국의 산이 그의 손바닥 안에 있는 모양이다. 계절별로 시간대로 변하는 산의 모양새를 설명하느라 신이 났다.

산을 탈 수 없는 몇몇이 나와 함께 중간에서 남기로 했다. 사실 산행이 아니어도 나는 지루할 게 하나도 없다. 주왕산의 기암괴석과 어우러진 풍광은 사진 찍기를 즐기는 나에게 안성맞춤이다. 아니 오히려 다행이다. 그들이 모두 올라가 버리는 게 도와주는 것이다. 혼자서 꼼꼼히 그곳의 풍광을 카메라에 담으면 그것으로 족하다. 걱정하지 말고 어서 가라며 손짓하는 나에게 L이 눈을 찡긋한다. 나도 슬며시 눈을 마주쳐 주니 친구들을 몰아 산으로 가버렸다. 남겨진 여자는 셋이다. 모두가 다리며 발목에 탈이 생긴 이들이다. 나이를 먹으니 다치기도 잘하고 다치지 않아도 여기저기 고장이 생기니 이런 친구들이 속출한다. 서글픈 일이긴 하지만 어쩌겠는가? 세월에 장사가 없다 했으니. 두 어 시간은 족히 카메라와 데이트에 푹 빠졌다.

회장인 P는 이름이 여성스러워서인지 꽤 섬세한 편이다. 산에서 내려오며 점심때 맛있게 먹었던 산나물 부침개 생각이 났던지 여성 동창생들 몫이라며 검정비닐봉지를 하나씩 선물한다. 산에서 내려오다 말린 참나물을 산 모양이다. 역시 P밖에 없다며 너스레를 떨고 받아 온 나물이다.

P가 준 나물을 요리를 해볼까하고 요리 잘하는 친구가 가르쳐 준대로

물에 잠깐 담갔다 삶아 건져 냈다. 그리고 갖은 영념을 넣고 나물을 무쳤다. 무슨 나물이 마른 검불을 씹는 듯 우걱거리는 것이 나물 같지 않다. 요리라면 젬병이라 까닭을 알 턱이 없으니 친구에게 물을 수밖에, 내말을 듣고 낄낄거리며 알려준다. 하루를 물에 불렸다가 삶아서 그물에 다시 하루를 담갔다 양념하란다. 에구머니나 이틀을 준비해야 된다니 인건비가 꽤 들어가는 셈이다. 이건 효율성을 따지자면 영 아니올시다 이다. 그렇지만 어쩌겠는가? 모처럼 사준 건데 남을 줄 수도 없음이니 다시 해볼 수밖에.

친구가 시킨 대로 해본 첫 나물 요리는 그런 대로 잘 되었다. 요리 할 줄은 몰라도 입성은 까다로운 내 입에도 먹을 만했다. 아니 그 조그만 성공이 차라리 신났다고 해도 과언이 아니다.

며칠 후 두 번째 도전이다. 다시 물에 불리고 삶아 그 물에 하루를 담가 놓은 나물을 그릇에 담았다. 파, 마늘 다진 것, 깨소금, 참기름 등 갖은 양념을 하고 상에 올렸다. 맛이 이상하다. 정말 이상하다. 웬일이지? 지난번에 잘 됐었는데. 그 맛없는 나물 요리를 요리보고 조리보고, 먹어보고 뱉어보고를 수차례, 역시 이상하다. 며칠 전 그때의 그 맛이 아닌 것이다. 그런데 색깔이 이상하다. 고추장과 된장을 살짝 넣어 무친 지난번의 그 나물 색깔이 아닌 것이다. 그렇다, 며칠 전 레시피는 까맣게 잊고 소금 간을 한 것이다. 거기다가 고추절임 간장까지. 그러니 맛이 들쩍지근하고 이상한, 마치 먹지 말아야 할 것을 먹은 느낌의 그 맛이다. 그 맛은 무어라 설명조차 할 수 없다. 고추장 양념을 해야 할 것에 소금이라니….

요리를 할 때 소금 간을 한 것과 고추장, 된장 간을 한 것이 이처럼 차이가 있다니 정말 신기하다. 요리의 세계는 멀고 아득하기만 하다. 세상에 그렇게 까맣게 잊고 소금이라니, 소금이라니…. 꼭 소금 말고 고추장, 된장을 넣으라던 친구의 말이 점점 더 증폭되어 귀에 쟁쟁거린다. 빛과 소금은 세상에서 가장 흔한 것이지만 가장 귀한 것이기도 하다. 그날의 요리에서 쓰인 소금이 나물 맛을 내는데 적당하지 않았듯이, 무엇이든 용도에 맞게, 적당한 시간에, 있어야 할 곳에 있을 때만이 그 진가를 발휘할 수 있음이다.

돌아오는 길에 들른 주산지의 기기묘묘한 나무들의 반영 사진은 너무 늦게 도착한 탓에 찍을 수가 없었다. 늑장을 부린 탓이다. 태양이 뜨고 나면 호수의 수면은 신기하게도 일렁임이 일기 시작한다. 그러니 반영 사진은 언감생심이다. 해뜨기 전 도착해야 함에도 도착했을 때는 이미 해가 우뚝 솟아오른 후였으니 그럴 수밖에. 마치 소금 간을 한 산나물 무침처럼 맛없고 재미없는 사진만 몇 컷 찍고 말았다. 이번 출사는 주왕산 입구에서 찍은 기암괴석의 사진으로 만족해야 할 것 같다.

(2015. 6. 7.)

천(川)변 소경

살곶이 길을 따라 학교로 가는 길, 청계천 변은 석양빛을 받은 갈대가 황금빛이 되어 장관을 이룬다. 삼삼오오 무리 지은 사람들의 발걸음이 가볍다. 그들이 담소를 하며 걷는 천변의 그 길은 마치 60년대 어느 시골길처럼 부드럽고 정겹다. 아마도 그들은 옛일을 기억하며 오늘을 걷고 있을지 모른다. 어린 시절 삶의 애환들이 한 무더기씩 남겨져 있을 그 길이 그들의 삶을 고스란히 안고 있기 때문이리라.

청계천은 조선왕조가 도읍으로 정한 한양의 한복판을 동서로 가로 지르며 도성민에게 생활용수를 공급하고 하수를 처리하기 위해 반드시 필요하였다고 한다. 풍수상으로도 도성 안을 명당으로 만든 명당수이기도 하다. 그러나 산으로 둘러 싸여 도성안의 지형과 집중 호우가 자주 내리는 기후, 물이 잘 스며드는 모래하천이라는 특징으로 인해 이 하천은 수시로 범람하여 도성민의 생활을 위협하였다. 1411년 태종은 개거도감을 설치하여 자연하천의 바닥을 파고 물길을 넓혀 축대를 쌓아 개천을 만들었다. 그 후 개천은 도성민의 일상생활과 관련을 맺으며 600여 년을 흐른다. 그러나 근대화 과정에서 인구가 늘어나고 생활양식이 변화에 따라 청계천은 도시 발전을 가로 막는 요소로 취급되기 시작한다. 1970년대에 이르러 급기야 청계천은 복개되어 좌우로 시장과 도시형 소규모 공장이 들어서면서 신산업의 메카가 되어 경제 성장의 견인차 역할을 하게 된다.

1978년 10월 충정로의 정거장을 출발한 127번 버스는 안개(스모그)가 자욱한 종로통을 지나 청계천 세운상가에 이른다. 말단 사원이던 내가 세운상가 앞에 첫 발을 디뎠을 때 청계천은 그저 길 위에 놓인 거대한 콘크리트 구조물에 불과했다. 청계8가에서 시작되어 도심을 가로지르는 청계고가는 삼일빌딩 앞에서 그 절정에 달한다. 당시에는 서울에서 가장 높다는 삼일빌딩이 청계고가의 발아래 무릎을 꿇은 것처럼 보이는 형상이니 그 위용은 기억자로 돌아 남산 입구에서 고개를 떨어뜨린다. 차마 서울의 상징이었던 남산만은 넘을 자신이 없었던 것일 게다. 서울 생활의 시작은 그렇게 시작되었다.

길 위를 가로 지르는 고가도로 양옆은 칠팔십 년대 고도 성장기 우리나라 전기, 전자산업이 메카였다고 해도 과언이 아니다. 청계천의 북측인 종로통은 대부분 전자, 통신 산업용 기자재를 생산, 판매하는 역할을 담당했고, 남측은 전기용 산업자재 생산 및 판매를 담당했다. 고도 성장

〈청계천변의 늦가을 풍경〉

기 전국의 개발 산업에 쓰여 지는 전기, 전자 원, 부자재는 이곳에서 전수 공급되었다 해도 과언이 아닐 것이다. 두 세 명의 직공이 생산에 참여하는 극소 규모의 공장에서부터 수천 명의 종업원을 거느린 공장의 본사까지를 품은 전기, 전자 산업의 총 본산이었다.

80년대 초 반도체산업이 무엇인지 조차 모르던 시절 고가도로 북쪽 세운상가의 어느 조그만 가게에서 일본에서 보따리장수들이 머리에 이고 들여온 볼펜심처럼 생긴 일원 오십 전짜7리 반도체 칩을 구입하면 오원을 받고 팔 수 있을 만큼 고부가가치 산업이었다. 그 조그만 시작은 오늘 날 세계 반도체 시장을 주름잡는 거대 기업 삼성을 키워냈고, 낡아빠진 일제, 미제 냉장고, 티브이 수리를 위해 시작된 중고 부품 조달의 시작은 백색가전의 강자를 만들어 냈다.

조선시대 도성민의 삶을 책임지던 청계천은 현대 산업의 메카 역할을 하며 삼일고가와 함께 그 위용을 자랑한다. 하지만 경제 발전을 이룩한 현대에 이르러 그곳을 다녀 온 날은 콧구멍이 새까매지고 와이셔츠 소매 자락이 꼬질꼬질해지는 공해의 온상으로 부각되기 시작하면서 존재감을 잃어간다. 청계천 복개공사를 주도했다는 건설회사 출신 서울시장은 사람들의 마음에 흉물로 자리 잡아 가는 청계천을 확 걷어내고 또다시 개천을 만들어 버렸다. 서울의 중심부인 광교에서 답십리까지 이어지는 천변은 그렇게 재탄생 된다. 환경론자들이 생태계 파괴론 등 다양한 이론들이 난무하지만 지금은 천만이 넘는 관광객과 외국인 관광객까지 찾는 명소가 되면서 또 다른 청계천의 삶이 시작되었다. 천변 양옆으로 다시 올라간 고층 빌딩들은 또 다른 군상의 사람들을 불러들이고 새로운 종류의 삶이 이어진다.

사람들이 북적거리는 상류 쪽과 달리 하류 쪽에는 인적이 뜸하다. 그래서인지 천변에 자란 나무와 억새, 개천 벽을 타오르는 담쟁이덩굴과 더불어 마치 시골의 어느 한적한 곳처럼 정겹고 소담스럽다. 가을이면 천변에 늘어선 노란 은행잎이 무수히 깔리고 은빛 찬란히 빛나는 갈대꽃은 그 한없는 아름다움에 절로 감동이 인다.

40여 년 가까운 세월이 흐른 지금도 뿌옇게 연무가 서린 종로통을 지나 청계천 고가 밑 세운상가 버스정류장에 내리 던 그날에 교차했던 수만 갈래의 감정의 혼돈을 잊을 수 없다. 서울생활의 진정한 모습이 이거

였단 말인가 하는 회한이 밀려왔었다. 그러나 청운의 꿈을 안고 비행기를 탔던 그 순간의 푸른 소망은 북적거리며 달리는 생동감 넘치는 삶의 모습들과 함께 무르익어갔다. 저녁이 되면 콧구멍이 새까매지는 공해 덩어리 속에서 생산되는 각종 산업사회의 상징들을 몸소 겪어야 했던 지난 시간들이 갖은 상념으로 남는다.

칠팔십 년대 상상 속에서만 흐르던 청계천 다리 밑 개천 물빛은, 오늘날 맑고 시원한 모습으로 다시 태어나 언제 그랬냐는 듯이 유유히 흐른다. 지나간 내 시간들이 유유히 흘러 오늘이 된 것처럼.

천변의 석양빛을 담은 카메라를 접으며 현란한 조명이 수놓은 상류와 달리 고즈넉한 저녁 답 천(川)변 소경을 선물해준 청계천의 저녁노을을 즐긴다.

(2015. 12. 20.)

빨간 구두 아가씨

어렵고 고달팠던 시절,

그 숱한 날들을 나와 함께 견디어낸

나의 빨간 구두가 남긴 발자국은

훗날 내 인생의 한 모퉁이에서 크나큰 기둥이 되어

나를 지켜주고 있었음을

오랜 시간이 지난 후 알게 되었다.

어머니의 그 쓸쓸한 소원

우리나라 모든 어머니의 소원은 모두 한결 같을 것이다. 자식이 잘 될 것을 바라고, 건강할 것을 바라며, 열심히 공부하여 훌륭한 사람이 되길 바라고, 무탈하게 장성하여 좋은 사람 만나 결혼하고, 행복하게 오래 오래 잘 살기를 바라는 마음, 그것이 어머니의 소원일 것이다. 그러나 오늘 먼저 간 딸의 기제 일에서 만난 절친한 친구 H의 어머니 소원은 남다르고 애달팠다.

지난 27일은 내 친구 H의 1주기였다. 소꿉장난을 시작으로 친구가 된 그녀가 오십 중반을 넘기기까지 함께 했던 시간만을 남기고 가버린 지가 어느새 1년이 되었다. 사람의 심사란 참 간사하기 그지없다. 그녀가 가던 날엔 억장이 무너지는 슬픔에 한 시도 잊혀 질 것 같지 않던 시간들이 어느새 과거가 되어 새로운 시간 속에 묻혀버렸다. 가끔 가슴

속 깊은 곳에서 한숨을 토해내듯 떠오르는 아린 기억이 눈시울을 적시긴 하였지만, 다사다난한 삶의 언저리에 묻혀 잊혀 가고 있었다. 어렵고 고단했던 시간들을 함께 했던 벗이기에 더욱 오래도록 가슴에 묻혀 있을 줄 알았었는데, 내 마음이 우선이다 보니 내게는 유일한 그녀의 존재가 벌써 흐려져 가고 있는 것일까? 그녀의 일주기가 되었다는 것이 실감나지 않는다.

그녀의 일주기를 한다기에 제주행 비행기에 몸을 실으면서도 간 김에 이런 저런 사람들과 만날 계획을 하고 있는 내 모습을 발견하곤 쓸쓸한 웃음만 입가에 맴돈다. 어르신들께서 "간 사람만 불쌍하다" 더니 그 말이 진리인 것을 실감하게 한다. 온갖 고생을 하며 살아온 세월 동안 그녀가 예쁘고 무던하게 잘 견뎌내고 있는 줄 알았었는데. 그런 시간들이 그녀를 병들게 하였는지 속절없이 가버렸다. 하나밖에 없는 딸과 함께 남편과 더불어 편안히 지낼 시간만을 남겨놓고 떠나서 못내 아쉽다. 더없이 사랑하는 남편이 출세해서 이제는 더 이상 고생하지 않아도 될 것 같은 시점에 떠난 것이다. 묘비명에 남겨진 그녀의 남편이 적어놓은 "아내와의 약속"은 생각만 해도 눈시울이 뜨겁다

3시에 시작된 그녀의 1주기 행사는 그녀의 남편 덕에 성대하게 치러지고 있었다. 기백 명은 족히 되어 보이는 추도객들이 법당 안에 꽉 차 있다. 누가 보아도 정성을 들여 차렸음직한 상차림에, 참배객들의 면면을 보아도 가신 이에 대한 애도의 표정이 넘쳐 보인다. 이 광경을 아는지 모르는지 예쁘게 웃고 있는 영정사진만이 그녀의 행사임을 말해 주

고 있을 뿐 원래 조용한 성품의 그녀는 오늘도 여전히 말이 없다.

절에서 하는 행사에 서투른 나는 곁눈질을 하며 행사를 치르는 동안 머리와 가슴은 온통 온갖 상념들로 가득 찼다. 그녀의 집 감나무 밑에서 소꿉장난 하던 모습, 형편이 어려워 부득이 야간고등학교에 갈 수 밖에 없는 처지를 비관하여 눈물을 흘리며 그나마 다행이라 여기자고 하던 시간들조차 아쉽다.

아버지가 일찍 돌아가시는 바람에 이유 없이 동네 어른들에게 받아야 했던 설움을 공유하며 함께 견뎌야 했던 시간들이 더욱 아프게 되살아난다. 어렵고 고단했던 시절 온 몸을 다해 살아내는 동안 서울과 제주를 오가며 함께 했던 시간들까지 머릿속을 떠나지 않는다. 어려움 속에서도 꿈을 잃지 않고 열심히 살아보자고 다짐하며 보내는 동안 즐겁고 행복했던 순간들, 슬프고 서러웠던 시간들까지 모두가 소중하고 또 소중하다. 천주교 신자인 나는 무슨 뜻인지 알지도 못하는 불경을 열심히 읽었다. 그녀가 좋아 했던 것이니 아마 천국에서 그녀가 알아들을지도 모른다는 막연한 기대가 나를 설레게까지 하여 열심히 따라 하였다.

몸이 불편한 그녀의 어머니는 벽에 기대어 열심히 불경을 외우고 계신다. 먼저 보낸 딸이 얼마나 안타까우시면 저리 열심히 하실까 생각하니 그 또한 가슴이 아프다. 항상 조용하고 온화한 성품의 어머니는 우리 동네 새댁들에게 닮고 싶은 어머니상 1호이었을 만큼 기품 있고 인자하신 분이시다. 남편을 일찍 보내시고 오 남매를 기르고 가르치느라 숨 쉴 틈도 없이 살아오신 어머니는 몇 년 전 넘어져서 뼈를 많이 다치신 후로는 거동이 많이 불편하시다. 그런 어머니를 보살펴 드리던 딸이 황망히 가벼렸으니 그 마음 오죽 쓸쓸하고 슬플까 짐작하고도 남는다. 얼추 행사를 끝내고 곁으로 가서 떨리는 어머니의 손을 잡고 앉아 있는데 참을 수 없이 흐르는 눈물을 주체할 수 없어 어머니께 오히려 무안하기까지 하였다.

행사가 끝나고 어머니 앞에 사모님이란 분이 오셔서 인사를 하시는데, 어머니께서 그분의 두 손을 덥석 잡고 소원이라며 하시는 말씀을 듣고 나는 너무 놀라 가슴이 터질 것 같다. "우리 모 서방 얼른 장가 들여 주세요, 가슴 아파 못 보겠어요." 젊디젊은 딸을 먼저 보낸 병약한 어머니의 그 쓸쓸한 소원이 가슴 속 깊이 날카로운 화살이 되어 박혔다.

이 순간 딸을 먼저 보낸 어머니의 소원이 그것이라니 어찌 이럴 수 있단 말인가? 그렇게 말씀 하시는 어머니의 가슴 속에 남겨진 아린 상념을 하늘에 있는 H는 알고 있을까? 속절없이 가버린 그녀가 오늘은 더더욱 보고 싶다. 어머니의 저 소원 너 정말 괜찮으냐고? 눈으로 물으며 영정사진만 하염없이 쳐다보는 내손을 잡는 어머니의 손은 가볍게 떨리고 있다.

(2013. 9. 29.)

꿈이 있니 물어보면

내 꿈은 무엇이었을까? 어릴 적부터 내가 정말 하고 싶었던 것은 진정 무엇이었을까? 많이 아플 때는 의사가 되고 싶었고, 불의를 볼 때는 법관이 되고 싶기도 했던 것 같다. 내가 꿈꾸던 것이 무엇이었는지 딱히 꼽으라면, 선뜻 생각나는 단어가 없다. 세상살이에 묻혀 지내다 보니 내 꿈이 무엇이었는지 조차 잊어버렸던 것 같다. 그런 내가 요즘 글을 쓰고 있다. 얼마 전 받은 수필집은 내 가슴을 뿌듯함과 함께 또 다시 꿈꾸는 사람이 되게 한다. 두서없이 쓴 글이 마냥 부끄러울 때가 많지만, 요즘 나는 글쓰기에 매료되어 가고 있는 중인 것은 분명하다.

지금 막 조정래 작가의 『정글만리』 읽기를 끝냈다. 불현 듯 80년대 내 모습이 떠오른다. 80년 광주민중항쟁을 시작으로 대학가는 어지러운 정국과의 투쟁으로 몸살을 앓고 있었다. 학업에 대한 목마름으로 야간

대학에 다니고 싶은 나는 서울로 올 기회가 오자 주저 없이 서울행을 택했다. 경제 사정이 여의치 않아 포기 할 수밖에 없었던 학업에 대한 열망이 고향을 떠나는 것쯤 대수롭지 않게 여겼다. 명륜동의 모 대학과 창경궁 돌담 사이의 허름한 집에 방 한 칸을 얻어 자취를 하며 직장과 학업을 병행하고자 했던 나의 계획은 80년 5월의 봄 덕택에 여지없이 무너졌다. 불행하게도 80년 5월의 항쟁은 대학의 문을 닫았다 열었다 반복하더니 드디어 휴교까지 하고 말았다. 강의실로 퇴근하려던 나의 꿈은 최루탄 가스에 온 집안이 뒤덮여 눈물의 퇴근길이 되기 일쑤였고 심지어는 집에 조차 들어가지 못하는 사태까지 생겼다. 그 진절머리 나는 시위와 함께 학업에 대한 나의 열망은 무참히 짓밟혔다.

책 읽기를 좋아하는 나는 그때 『현대문학』이라는 문학잡지를 정기구독 하고 있었다. 내 손으로 돈을 벌게 되자 첫 번째 산 것이 문학전집이었다. 그때만 해도 일명

'월부 책장사'가 많았다. 그 방법으로 그들이 생계를 유지할 수 있었던 것은 그 만큼 우리 국민들이 책을 읽고자 하는 열망이 강했었기 때문이리라. 그러나 지금의 동남아 국가들보다도 형편없는 경제력으로 소설책을 살 만큼 국민 소득이 충분하지 않았기 때문에 너도 나도 할부로 멋들어지게 금장을 한 전집 한 질을 구해 책장을 장식하는 것이 유행이 되었다.

그 즈음에 교과서에 나오는 유명한 문인들이 대거 등장하는 『현대문학』이란 월간지는 굉장히 매력적인 모습으로 다가온다. 특히 편집장이었던 소설가 김주영 씨는 나하고는 깊은 인연이 있었다. 80년도 초이다. 제주에서 올라와 청계천의 조그만 중소기업의 직원이었던 나에게 굉장한 일이 있었다는 사실을 안 것은 그 일이 있고 난 후 한참 지나서이다.

어느 날 우리 회사로 중년의 잘 생긴 아저씨와 기자들이 찾아왔다. 중소기업의 은행문턱에 대한 인터뷰를 한다는 것이다. 그것도 사장이 아닌 경리사원의 인터뷰가 필요하다며 묻는 말에 대답해 주면 된다기에 인터뷰에 응했다. 그 시절에는 우리 회사 같은 중소기업이 은행에서 정상적인 대출을 받는다는 것이 무척 어렵던 시절이었다. 담보가 있든 없든 상관없이 은행 관계자와의 친분이 중요하던 시대였으니, 그러한 내용들을 여사원의 입을 통해서 듣고 싶었던 모양이었다. 나에게 그런 상황을 설명하고 의견을 물으니 당연히 나는 어림도 없다는 반응을 보였을 것은 뻔하다. 그 내용을 그대로 답변하면 된다고 하여 인터뷰를 하였다.

전국적으로 컬러 TV 방영이 시작된 지 얼마 되지 않아서 빨간 스웨

터를 입은 내 모습과 함께 그 당시 유명한 김주영 작가님과 인터뷰 하는 모습이 방영 되었다. 그런 분인 줄도 몰랐던 나는 설마 나올까 하는 생각으로 무신경하고 있었다.

며칠 후에 제주도에 계신 작은 아버지가 전화를 주셨다. "호인아 너 TV에 나왔더라. 같이 나온 사람이 유명한 소설가라던데 너 엄청 출세했구나." 깜짝 놀랐다. 사실 나는 김주영 씨가 그렇게 유명한 소설가이고 그즈음에 한 창 뜨고 있었던 것도 몰랐다. 그때부터 그분이 주필이었던 『현대문학』은 나에게 특별히 의미 있는 책이 되었다. 특히 지루하지 않게 다양한 장르의 문학을 맛볼 수 있어서 더없이 좋았다. 그 책을 매월 읽는 동안 평론 란에 소개된 책들도 간간이 사서 보는 재미도 곁들였다. 그때 TV가 없어 보지 못했던 내 모습이 사실은 아직도 좀 궁금하다.

정확이 기억나지 않았는데 『정글만리』를 읽고 난 후 작가 약력을 보니 83년도에 조정래 작가는 『태백산맥』을 『현대문학』에 연재한 작품 글이었다. 당시를 기억하면 얼마나 그 작품에 심취해 읽었었는지, 그때부터 나의 지하철 책읽기, 걸어가면서 책읽기 등의 버릇이 생겼다. 그 당시만 해도 길거리를 걸어가면서 책을 읽는 모습은 여간 어색한 것이 아니었다. 더구나 여성이 길거리를 걸어가면서 책을 읽는 모습은 참 별나고 잘난 체를 하는 모습으로 비춰지던 시대이다. 그런데도 조정래 작가가 쓴 『태백산맥』은 나에게 깊은 감명을 준 책으로 주변인들의 그런 비아냥거림 정도는 얼마든지 무시할 만하였다. 2년쯤 연재를 하고 나서 인기가 폭발적이어서인지 연재를 그만두는 바람에 야속한 작가로 치부하며 할 수 없이 나중에 전집을 구입해서 읽었다.

얼마 전 그 작가의 책이 TV에 광고까지 하고 있기에 한 달 전쯤 세권을 모두 샀다. 시간이 여의치 않아 책장을 넘기지 못하다가 열흘 전쯤 손에 잡은 책은 30년 전의 『태백산맥』에 버금가는 호기심을 유발시키며, 오늘 2014년 1월 1일 정초에 만사를 제쳐 놓고 읽을 만큼 매료되었다.

얼마 전 아들도 그 책 1권을 사들고 왔다. 내가 다 사놨으니 읽으라면서 83년도의 기억을 설명하는 나는 신명이 나고 있었다. 이제 27살의 내 아들과 내가 문학적 공감대를 형성하고 있음이 기뻐서인지, 그때의 기억이 새삼스러워서인지 알 수 없지만 기분 좋은 공감대인 것만은 분명하다.

『정글만리』는 종합상사원 전대광의 중국생활을 통한 중국의 경제적 상황과 지금 우리의 경제 상황을 적나라하게 표현한다. 우리가 바라보아야 할 중국의 경제와 정치의 현 주소는 물론, 거대한 시장 중국에 대한 우리의 자세가 어떠해야 할지를 제시한다. 젊은이들이 필독서로 추천해도 좋을 만큼 내용이 좋다. 작가들이란 참 위대하다. 그 많은 상황을 전개하기 위해서 수 년 동안을 자료를 수집하고 정리하였을 것이다. 그 자료를 픽션과 논픽션의 조화로움으로 엮어 독자로 하여금 잠 못 드는 독서의 세계로 몰입하게 하는 것을 보면 더 할 수 없이 존경스럽다.

솔직히 말하자면 그냥 천천히 심심풀이나 하자고 시작했던 『정글만리』 읽기는 지난 주말 아들과 진도가 겹쳤다. 책을 빨리 읽는 내 모습을 아들에게 은근히 보여주고 싶은 얍삽한 꼼수가 작용했다. 부모의 모습에서 모종의 교훈을 얻어가기를 바라는 끝없는 얕은 수가 더해진 나의 책읽기는 어느새 책의 내용에 매료되어 요즘 며칠 밥 먹는 시간도, 잠자는 시간도 놓치게 되었다. 나이가 들고 나서는 예의 그 버릇이 고쳐졌나 싶었더니 아직도 남아 있는 나를 발견하고 혼자 빙그레 웃었다.

내안에 잠재되어 있던 나의 꿈은 글 쓰는 사람이 되는 것이었는지도 모른다. 경영학을 전공하던 내가 바쁜 시간을 쪼개어 문학평론가 김윤식 교수의 특강을 좇아 다니던 일도 글쓰기에 대한 숨어있는 열망의 소산이었을까?

어느 날 문득 수필공부가 하고 싶어진 것도 나도 모르는 사이에 내 가슴 속에 자리 잡고 있던 작가에 대한 동경과 선망의 산물인지도 모른다.

고교시절 수업시간에 몰래 읽다 들킨 책으로 머리통이 날아갈 뻔한 일이며, 20대에 김주영 작가와의 우연한 만남 또한 내가 글을 쓰고 싶다는 열망을 키워오게 한 원동력이 되었음인지 모를 일이다. 내 가슴 한편에서 살며시 살아난 글쓰기에 대한 작은 소망 하나가 키워지고 있었음을 이제야 알 것 같다. 그 작은 소망을 위해 열심히 펜을 들어 볼 생각이다. 이제 누군가 꿈이 있니? 하고 물어보면 글 쓰는 사람이 되고 싶다 말할 것이다. 그것이 진정으로 내 인생을 풍요하고 살 맛 나게 해 줄 것임을 믿으므로.

(2014. 3. 22.)

어머니가 계신 그곳

조금 전 어머니께서 얼른 오라며 성화시다. 만두, 인절미, 갖은 반찬을 다 해놓으시고 빨리 와서 먹으라신다. 내가 발목을 다쳐 아무것도 못하는 상태가 되었으니 명절날 음식도 재대로 못 챙겨 먹을까 염려가 되신 게다. 차례를 지내고 친척들이 다 가고 나면 어머니 댁으로 가서 편히 누워 쉬면서 맛있는 음식을 먹으리라. 연휴동안 푹 쉬고 나면 나는 다시 말짱해 질 것이다. 의사는 이달 말까지 깁스를 하라고 했지만 분명히 나는 어머니의 섭생 때문에 조기에 깁스를 풀게 될 것이라 믿는다.

30여 년 전, 산후 까닭을 알 수 없는 병마가 찾아 왔을 때부터이다. 산후 조리가 잘 못 되었는지 알 수 없는 병마가 나를 덮쳤다. 밥은커녕 음식 냄새조차 맡을 수 없었던 나는 장기간 병원 신세를 지게 되었다. 오랜 투병 기간에도 불구하고 나아질 기미를 보이지 않는 내 병마는 오랜 휴양기간을 거치고서도 좀처럼 나아지지 않았다. 아이를 키우는 것은 고사하고 내 몸 하나 지탱하기도 힘들었다. 서울 시내 유명한 병원은 다 돌아다녀도 까닭모를 병은 계속되었고 급기야는 정신마저 피폐해지기 시작했다.

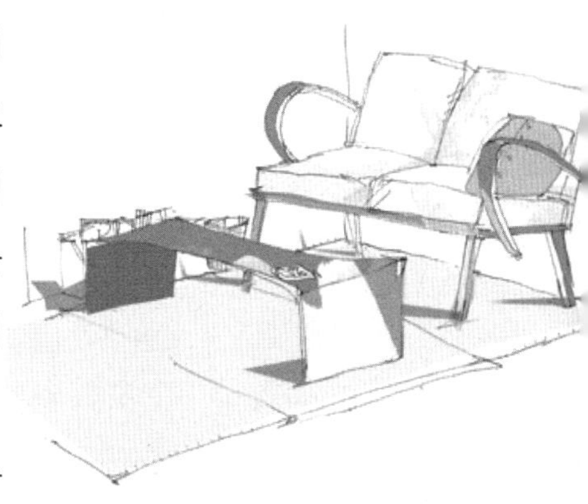

어느 날 결혼 전 자취했던 주인댁 아주머니께서 전화가 왔다. 많이 아프다는 소식을 들었다며 병문안을 오셨다. 나의 건강상태를 보시고는 그날부터 나의 지킴이가 되어 주었다. 간신히 밥을 먹게 된 나를 위해 갖은 반찬을 해 나르시고, 퇴원 후에는 몸조리를 해야 한다며 수시로 댁으로 불러 섭생을 해 주셨다. 심한 정신적 스트레스를 겪으며 혼자 누워있다가 천정이 빙글빙글 도는 날이면 그 분 댁으로 달려갔다. 그런 시간이 몇 년 계속 되면서 그 분들은 자연스레 나의 아버지 어머니가 되셨다. 퇴원을 하고 사회생활을 하면서도 속이 뒤집히기 시작하면 물까지 토해 버리는 내 위장의 안정을 위하여 단계별 섭생을 할 수 있도록 아버지는 기꺼이 거실에서 쪽잠을 주무셨다.

섭생의 시간동안 집에서는 불면증에 잠을 잘 수 없었던 내가 아버지 어머니께서 지켜주심 덕분인지 편안하게 잠을 잘 수 있었음은 말할 것도 없다. 미음으로부터 시작된 식사는 4단계의 과정을 거치고 나면 어느새 맛있는 된장찌개를 먹을 수 있을 만큼이 된다. 그러기를 반복하며 10여 년 동안 병마와의 싸움에서 나를 일으켜 세운 건 모두 그 분들의 덕택이다.

급한 성격은 언제나 고쳐질 것인지 급한 성정 탓에 발을 헛디뎠는지 길가에 나 뒹굴더니 발목을 크게 접질렸다. 응급실에서 가차 없이 깁스당한 내 발목은 20여일을 깁스한 상태로 지내라는 처방을 받았다. 구정 연휴를 기해 제주도의 어느 바닷가를 점찍어 놓고 사진을 찍을 예정이었던 내 계획은 무참히 깨져 버렸다. 심한 통증이 있는 것도 아닌데 걸을 수가 없으니 실내에서는 기어서 다니고, 앉아서 다니고, 실외에서는 휠체어 신세를 지는 어이없는 신세가 되어 버린 것이다. 항상 내가 불편해지면 어느 때이건 찾아가 무작정 안방을 차지하고 드러눕는 그곳, 어머니 댁으로 갔다. 가만히 누워서 지어 주는 밥 먹고, 자고, TV보고를 반복하며 3일을 쉬었더니 조금 편안해 지긴 했다. 아니 몸 보다 맘이 훨씬 더 편안해졌다함이 옳을 것이다.

어머니와 나는 생면부지의 남이 만나 가족이 되었다. 혈연이 아닌 따뜻한 가슴으로 품어주신 그 분들의 사랑에 아픔도 잊었고, 건강도 되찾을 수 있었다.

병마에서 벗어나 사회생활을 하고 늦은 나이에 대학원에 진학을 하자 제일 기뻐 하셨던 분이 아버지셨다. 그런 아버지께서 갑자기 암으로 투병을 하시게 되었다. 나의 석사학위 수여식에 가신다며 옷까지 장만 하셨지만, 학위수여식 4일전에 운명하셔서 안타까움을 더했다. 그 날 어머니는 아버지께서 큰 딸의 졸업식에 못 갈까봐 날까지 맞춰서 돌아가셨다며 슬퍼하시더니 기어이 장례식을 마치고 온 식구가 오셔서 내 졸업식을 축하해 주셨다.

언제나 나의 몸과 마음을 편히 쉬게 해 주는 곳, 그곳에 나의 어머니 김복희 여사가 계셔서 나는 더욱 더 행복하다. 어머니께서 부디 건강하게 오래 오래 사셔서 우리 가족 모두 건강하고 행복하게 사는 모습을 보시며 행복해 하시기를 간절히 기원한다.

지난밤은 큰 딸과 같이 있어서인지 세상모르고 잣 노라며 크게 기지개를 켜시는 어머니 모습마저 나를 편안하게 한다.

오늘 내 삶을 따뜻하고 행복하게 해주신 두 분 어머니 아버지께 진심으로 감사드린다. 새로 얻은 세 명의 아우들과 함께 진정한 가족애를 느끼게 해 주신 그 분들이 계셔서 내 삶이 훨씬 따스하고 풍요하다. 언제부터인가 몸이 불편하건 마음이 불편하건 찾아 가는 곳, 굳이 말로 표현하지 않아도 내 쉼의 시간을 평안함의 시간으로 채워 주시는 분, 어머니가 계신 그곳이다.

(2015. 2. 18.)

빨간 구두 아가씨

오늘은 안산시 정왕동에서 고교 동창회를 하는 날이다. 그 전에는 거리가 멀다는 이유로 불참하였지만 동창들에게 미안하기도 하고, 갑자기 옛 생각이 나기도 하여 오이도행 전철을 탔다. 무려 2시간 가까이 걸린 전철은 차창 밖 풍경을 뒤로하고 정왕역에 다다랐다. 개찰구를 나가 택시 정류장에서 탄 택시는 길을 잘 못 들었는지, 아니면 내 옛 추억을 눈치 채기라도 했는지 이리저리 돈다. 시간이 지체되어 짜증이 날 즈음 내 머릿속에 불현듯 이곳에서의 한 장면이 떠오른다. 한 여름 뙤약볕을 이고 빨간 구두를 신은 채 반월예술인 아파트 현장을 나오고 있는 젊은 아니 사뭇 어린 내 모습이다.

솔 솔 솔 오솔길에 빨간 구두 아가씨
똑 똑 똑 구두 소리 어딜 가시나…

지금쯤 사랑을 알만도 한데
종소리만 하나 둘 세며 가는지
빨간 구두 아가씨 멀어져 가네…

1960년대를 풍미했던 가수 남일해 씨의 노래이다. 가사를 가만히 음미하다보면 이 노래처럼 한 시대의 낭만을 적절하게 표현했던 노래도 드믈 것이다. 예나 지금이나 빨간 구두에 대한 생각은 특별한 것 같다. 요즘에야 모두들 개성이 강하고 다양해져서 빨간 구두를 신는 것쯤 대수롭지 않게 여기지만, 80년대 5월의 봄, 불투명한 정치적 여운이 감돌던 그 시절에 빨간 구두를 신는 것은 대단한 용기가 필요하였다. 내가 빨간 구두를 신었다 한들 마릴린 먼로의 섹시한 열정을 신을 수는 없었겠지만, 나름대로 나만의 용기와 개성 그리고 열정을 신고 싶었던 것이다. 특별히 내세울 것 없던 나의 보잘 것 없음을 가리고, 내 존재를 내보이고 싶은 작은 열망의 소산이었을 지도 모른다.

80년대 5월의 봄 덕에 학업을 포기해야 했던 나는 희망이 사라져 버린 허전한 마음을 달래기 위한 궁여지책이었는지 직장생활에 신이 들려가고 있었다. 그 즈음 지금은 안산시가 된 반월에 공단이 들어서기 시작했다. 1970년대 시작된 경제, 사회, 문화 전반에 걸쳐 일어난 새마을 운동 정신의 발현은 가난한 예술인들의 복지 지원과 일반 시민들과 함께 공유할 수 있는 공연예술의 활성화와 개개인의 예술적 능력 향상을 목표로 예술인복지재단을 결성하게 한다. 1983년 그 재단은 안산지역에 예술인들의 입주를 돕고 안산의 예술 문화 정착을 위해 예술인 주택추진위원회를 결성하고 1,485세대의 아파트 건설을 추진하였다[3]. 80년대 천편일률적이었던 아파트 디자인에서 벗어나 타워 형 디자인을 채택하였으며, 동마다 색깔을 달리하여 그 당시에는 전국에서 가장 높은 20층 고층아파트였다. 건립 배경 이면에 다른 숨겨진 뜻이 있는지는 알 수 없지만, 그 당시에는 연예인들이 사는 아파트로 이름을 날리며 인기 절정이었다. 입주 연예인들은 반월공단과 자매결연을 하고 현장을 방문하여 공연도 하고, 근로자들이 예술인들의 전시나 공연에 참여하기도 하였다. 예나 지금이나 연예인들을 가까이 보고 싶은 열망은 다르지 않았을 터이니 단지에 대한 인기가 대단하였음직하다. 지금은 100여 세대만이 남아 있으나 특별한 관리나 복지지원은 없고, 국내 최초의 예술인 아파트라는 명분만 남아 있다고 한다. 조금은 아쉽기도 하고 정책의 일관성 없음에 마음이 씁쓸하기도 하다. 이제 30년이 지났으니 재건축을 해야 될 상황이 되었을 것이라 생각하니 참으로 격세지감이란 심정이 되기도 한다.

---

3) www.naver.com. 2014년 2월 21일 검색자료 참고

80년대 5월의 봄은 음울하였다. 그때에는 누구도 감히 표현할 수조차 없었던 알 수 없는 이유로 많은 사상자가 발생한 빛 고을 광주의 사연은 우리 가슴 속에 알 수 없는 불덩이를 안겨주었다. 지금은 그 사건이 무엇 때문이었는지 인터넷만 검색해도 알 수 있게 되었지만 그 시절에는 알아도 안다고 말할 수 없는 답답한 시절이었다. 그 뜨거운 불덩이를 가슴에 안은 채 어찌할 수 없는 우리세대는 곳곳에 망치소리와 포클레인 소리를 들으며 경제 부흥에 몸을 맡기고 있었다고 해도 과언이 아니다. 가슴속에 숨겨진 것이 무엇이었든 상관없이 우리가 그 시대에 미친듯이 살아낼 수밖에 없었던 것은 그 답답하고 음산한 계절에서 벗어나고 싶은 열망이 가득했던 탓이리라.

20대의 앳된 아가씨였던 나는 조그만 중소기업의 구매담당이었다. 지금은 물류구조도 선진화 되어있고, 경제 사정도 좋아져서 별로 힘들지 않게 구매업무를 할 수 있지만 그때는 사정이 달랐다. 관련자재를 구매해서 화물차를 용차 하여 직접 싣고 현장으로 가서 전달해야 했다. 다른 회사는 전부 담당자들이 남자라서 화물차를 직접 끌고 갔지만, 나는 여자이고 운전도 하지 못하였으니 당연히 우락부락한 아저씨들이 운전하는 화물차를 용차 하여 동승하고 비포장 길이 반 이상인 반월로 가야했다. 그 업무는 내가 자원하여 나선 일이니 힘들다고 원망할 처지도 아니었다. 다행히 성정이 밝고 털털한 편이어서 무리 없이 일을 할 수 있었다.

아침 10시쯤 회사를 나서서 물건을 구매하고 집하하여 현장에 도착하면 점심때가 된다. 이런 날은 운수 좋은 날이다. 현장에 도착했을 때 현장소장이나 직원들이 현장사무소에 있으니 물건을 내리고 전달하는데 무리가 없기 때문이다. 하지만 점심시간이 지나면 곤란해진다. 현장에 도착하면 모두가 수 십 개 동의 아파트 골조에 올라가 작업을 하고 있기 때문이다. 지금처럼 핸드폰이 있는 시절도 아니어서 일일이 찾아다닐 수밖에 없었다.

내가 소속된 회사는 전문건설업으로 대기업의 하청 회사여서 방송조차 하지 못할 처지이고 보니 어쩔 수 없는 일이다. 나는 되도록 바지를 입는 편이지만 어느 날 예정에 없이 현장에 가게 되면 펄럭이는 치마에 빨간 구두 아가씨인 상태로 갈 수 밖에 없었다. 골조가 다 되어 갈 즈음이면 계단이라도 있지만, 처음 단계에서는 계단도 없다. 골조에 간신히 기대어 가 시설물을 놓아 임시로 만들어 놓은 구멍이 숭숭 뚫린 철물 사다리를 밟고 올라가 직원들을 찾아야 한다.

요즘은 현장요원들도 많이 점잖아진 편이고 수준이 향상되어서 그리 부담스럽지 않지만, 그때만 해도 우락부락한 청년들의 거친 표현에도 안면몰수하고 찾아다녀야 했다. “아가씨 어쩐 일이야? 나 조금 있으면 끝나는데 정문에서 기다려!!” 등등. 아마도 나를 인근 다방이나 술집 아가씨쯤으로 오해하였는지 입담이 거침이 없다. 이런 분위기의 사람들을 싹 무시하고 무표정한 얼굴로 다니기를 2년을 하고 나니, 나도 모르게 그런 놀림 쯤 아무렇지도 않는 상태가 되어가는 것을 발견하고는 나 자신에게 놀라기도 하였다.

어느 여름날 아침이었다. 멀쩡하던 하늘이 자재를 다 전해주고 돌아오려는데 장대 같은 소나기를 퍼부었다. 지금은 현장 진입로를 미리 조성하여 말끔히 포장한 후 공사를 시작하지만, 그 당시에는 어림없는 일이다. 비가 오면 진입로는 흙탕물 범벅이 된다. 비가 그치기를 기다렸더니 갑자기 하늘이 말짱해 지고 햇볕이 쨍쨍 내리쬐는 무더운 날씨가 되었다. 10여 분 걸리는 현장 진입로를 나오는 동안 겪었던 그날의 일은 지금도 생생하다. 빨간색 하늘거리는 블라우스에 군청색 후리아스커트, 빨간 구두를 신은 내 모습은 그날 오후에 결혼식장에 가야했던 터라 한껏 멋을 내어 입은 옷차림이었다. 흙탕물 범벅이 된 진입로는 개천처럼 변해 있어 길가 가장자리 돌 뿌리를 간신히 디디며 빠져나와야 했다. 그런 내 모습은 수 십 여동에 매달려 일을 하던 현장 노무자들의 눈에 각양각색으로 비쳐진 모양이었다.

어떤 이는 "어이 아가씨 어디가?, 거기서 기다려" 하고, 어떤 이는 "아가씨!, 저녁 때 봐" 하며 때로는 낯 뜨거운 말로, 때로는 위로 아닌 위로의 말로 크게 소리질러댔다. 들은 척도 하지 않고 내 갈 길만 가던 내 모습을 보며 지나가던 현장소장 차량이 멈춰 섰다. "모두 정숙하세요!" 하고 크게 소리 질렀다.

현장소장 깃발을 본 노무자들의 목소리는 일시에 정지 상태로 들어갔다. 내 모습이 안 되어 보여서인지, 아니면 현장에 웬 아가씨가 위험하게 다니는지가 궁금하여서인지 모르겠지만, 차를 세우고 누구냐고 물었다. 모모회사에 누구이고 자재 전해주러 왔다 가는 길이란 설명을 들은 그분은 안타까운 낯빛을 하며 큰 길까지 태워다 주었다. 감사하다며 인사치레를 하는 내게 그 회사는 여자가 그런 일을 하냐고 물었다.

"네, 제가 담당자인데요, 왜 여자가 하면 안 되나요?" 하고 되묻는 나에게 미안한 낯빛을 하며 아니라고 손사례를 치고는 고생한다며 잘 가라는 인사와 함께 다음에 현장에 오면 현장 소장실에 들르란 얘기까지 덧 붙였다. 그때까지도 현장소장인 줄은 꿈에도 생각하지 못했다. 후일 다시 방문한 나를 본 현장소장이 들어오라며 사무실로 불러들인 후에야 알았다. 조그만 아가씨가 어려운 일 한다며 특별히 맛있는 차까지 내어 주며 격려해주시던 그 분은 지금도 기억 속에 남아있다.

그 날 온통 흙 범벅이 된 내 빨간 구두는 어쩔 수 없이 물걸레로 닦이는 수모를 겪은 후에야 말끔한 모습으로 예식장 안으로 들어 갈 수 있었다.

세상살이에는 공짜가 없다. 어렵고 고달팠던 시절, 그 숱한 날들을 나와 함께 견디어낸 나의 빨간 구두가 남긴 발자국은 훗날 내 인생의 한 모퉁이에서 크나큰 기둥이 되어 나를 지켜주고 있었음을 오랜 시간이 지난 후 알게 되었다. 그 풋풋하고 당당했던 소싯적 내 모습에 취해 있는 동안 택시는 어느새 목적지에 다다랐다. 기사 아저씨가 길을 잘못 들어 지체하게 되어 미안하다며 머쓱하게 웃는 모습에 밝은 미소로 화답해 주었다. (2014. 2. 21.)

나 할리(Harley) 타는 여자야

꿈의 바이크!, Harley Davidson은 바이크를 타는 사람이라면 누구나 가지고 싶어 하는 고가의 상품이다. 지금은 그저 꿈일 뿐인 상태로 머물고 말았지만 한 때는 내 눈앞에 꿈처럼 아른거리던 바이크이다.

1989년 2월이다. 서울의 모든 병원을 섭렵하고도 고칠 길이 없다는 판정을 받은 내 병명은 아주 간단하다. 신경성 위장장애이다. 백약이 무효하다는 말이 이럴 때 쓰는 단어인줄 그때 알았다. 임상적 방법으로는 더 이상 치료가 불가능하다는 판정이라면 판정이었다. 결국 고향의 어머니께 가서 요양이나 해보라는 권유를 받은 셈이다. 간신히 저녁 비행기로 제주공항에 도착했다. 웬일인지 그날따라 무심한 척 하는데 둘째가라면 서러워하던 작은 오빠가 아들까지 데리고 마중 나왔다. 친정집에는 이모도 와 계시고 집안은 식구들로 북적됐다. 아마도 다 죽게 된 동생

이, 조카가 걱정되어 오신 모양이었다. 여전히 밥은커녕 미음조차 삼킬 수 없는 나는 그날 밤도 신물까지 토해내며 한 바탕 소동을 치른 후에야 겨우 잠이 들었다.

다음날 아침 눈을 뜨니 북적대던 어제 저녁과 달리 이모만 자고 있는 나를 물끄러미 쳐다보고 계신다. 모두 어디 가셨느냐는 내 물음에 얼버무리고 만다. 순간 엄마께 섭섭해지는 마음으로 가슴 한 구석이 텅 비워지기 시작했다. 그 절망의 순간에 엄마마저 내 옆을 잠깐 동안이라도 자리를 비웠다는 생각에 슬픔이 확 몰려왔다. 조금 있으려니 엄마가 잠깐 들르셨다. 어떻게 되었냐는 이모의 물음에 대답도 하지 않으신다. 얘는 어찌하느냐는 이모의 물음에 지금 그 애가 문제가 아니라 하신다. 가슴이 철렁 내려앉았다. 순간, 돌아가야 하는 걸까? 하는 생각이 꼬리를 물기 시작한다. 출가외인이 되어서인가?

3일 후 이모는 어차피 알게 될 일이라며 작은 오빠가 오토바이 사고로 현장에서 급사하고 오늘이 장례식이라 한다. 청천벽력과 같은 그 사고가 내가 온 다음날 전에 없이 픽업까지 해주시고 난 후 일어났다는 것이다. 이모의 도움을 받아 상청이 마련된 큰오빠 댁에 간 나는 어안이 벙벙했다. 사람이 전에 없는 행동을 하면 사단이 난다는 말이 스치듯 지나간다. 그러다가 너까지 일 치르겠다며 집으로 가라는 친척들의 말에 돌아서는 나를 향해 동네 할머니들의 수군거림이 들린다. 딸이 죽을 것 같다더니 대신 아들을 잃었다는 수군거림이다. 돌아와 혼자 누워있는 방 천장에는 그 수군거림의 내용이 영화가 되었다.

나에게 오토바이는 그런 아픈 기억의 산물이다. 당시에는 형제들 모두가 차마저 다 처분해 버렸다. 심지어는 운수업을 하던 둘째 오빠는 사업용 화물차까지 처분해 버리는 초강수를 두었다. 그러나 사람은 망각의 동물이라 했던가? 몇 해 지나지 않아 작은 오빠에 대한 기억은 시나브로 사라져 버리고 우리는 다시 자동차도 오토바이도 타게 되었다. 어쩌면 망각이라는 단어가 있어 사람들은 세상을 살만한 것으로 착각하며 살아가게 하는지도 모른다.

내 병도 시간이 지나면서 어찌어찌 회복이 되어 아픈 기억마저 잊어가고 있을 즈음이다. 압구정동의 Harley Davidson 매장 안의 반짝이는 메탈릭한 오토바이가 내 눈을 사로잡았다. 들어가 보려는 순간 아차 싶었다. 허름한 청바지 차림으로 들어갔다간 구경도 못 해볼 것이 뻔한 이치임을 알아서이다.

다음날 말끔한 슈트차림에 기사가 딸린 승용차까지 대동하고 매장 앞에 당당하게 차를 세웠다. 직원이 달려 나오더니 자동차문까지 열어준다. 멋지고 폼 나게 전시된 Harley Davidson 주변을 한 바퀴 돈다. 누가 탈거냐고 묻는다. 내가 탈 것이라며 약간의 거드름까지 섞는다. 면허도 따게 해주고 시험운행까지 도와준다며 적극적이다. 견적이나 내 보냐는 말에 덥석 그러라고 하고 만다. 그 폼 나는 오토바이는 액세서리까지 넣자 오천 만 원이 넘었다. 예상은 했지만 속으로는 적잖이 놀랐다. 내색하지 않고 타볼 수 있냐고 물었다. "얼마든지요" 얼른 올라탔다. 그런데 발이 닿지 않는다. 키가 작아서이다. 아마도 매장의 직원도 내가 높은 하이힐에 긴 바지를 입어서인지, 아니면 생각지도 못해서인지 아쉬운 눈빛이 역력하다. 나는 속으로 쾌재를 불렀다. 한 시간 이상을 잔뜩 긴장시켜 놓고 그냥 나오려니 은근히 켕기고 있던 터였다. 한껏 아쉽다는 표정을 지어보이며 어쩔 수 없다는 시늉을 해 보였다. 사실 정말 아쉽긴 했다. 그것을 살 능력이 됐던 것은 아니지만 언젠가 꼭 사고 싶었기 때문이다. 그 멋진 Harley Davidson에 올라 앉아 무한 질주란 것을 해보고 싶어서이다. 그렇게 그 날의 내 연출은 종업원의 90도짜리 인사를 받고 매장을 나오면서 막을 내렸다.

지난 해 봄 새벽 추암 일출을 찍자며 새벽 세시에 서울을 떠났다. 그런데 추암은 정비공사가 한창이라 카메라는 꺼낼 수도 없었다. 내친 김에 7번 국도를 따라 경주 읍천항으로 향했다. 푸른 바다풍경을 따라 내달리는 7번 국도는 동해안의 절경을 볼 수 있는 도로이다. 새로 난 고속도로를 피하여 옛 길로 달린다. 그 멋스러움이 고속도로보다 훨씬 감칠맛이 나기 때문이다. 그런데 앞에 Harley 무리를 에스코트하는 자동차가 낯설지 않다. 전화를 건다. 혹시 ○○씨 아니세요? 어디냐며 뒤를 돌아본 일행이 적당한 곳을 찾아 차를 대고 만났다. 새벽 세시에 서울을 떠나 한 무리는 오토바이로, 한 무리는 차로 달리다 그 곳에서 만난 것이다. 그 무리 중에 나처럼 키가 작은이가 있었다. 의아해서 물었다. 다리가 닿느냐고? 충분하다며 보여준 그 오토바이는 무려 천만 원을 들여 안장도 내리고 발판도 올려 맞추었단다. 한 번 타 보았다. 내 체격에 딱 맞았다. 로봇처럼 변신한 Harley에 멋지게 포즈를 잡고 찍은 그 날의 내 모습이 지금 카톡 방에 올린 내 프로필 사진이 되었다.

이 사람 저 사람이 Harley를 타냐며 묻는다. 객쩍은 웃음으로 때우며 "나 할리 타는 여자"라 대답한다. 그렇게 나는 Harley를 타는 사람이 되었다. 꽤 많은 사람들이 관심이 많은 것을 보니 나처럼 Harley를 갖고 싶어 하는 사람이 많은 모양이다. 그러나 이제 나는 꿈만 가질 것이다. 이제는 쾌속의 위험함을 즐길 때가 지나서이다. 즐기기는커녕 두려움이 앞섬 때문이리라. 스스로를 미국의 배우 제임스 딘을 닮았다며 쾌속을 즐기던 오빠의 최후가 생각나서인지도 모른다. 그러니 그저 이 멋진 포즈 하나로 Harley 타는 사람이 되고 말련다.

20여 년 전 오토바이 사고로 가신 오빠가 그립다. 그리고 오빠에게 미안해진다, 정말 오빠를 대신해 이 세상을 살아가고 있는지도 모를 내가 그 꿈을 가졌던 것이….

(2015. 7. 9.)

F4

드라마 '꽃보다 남자'에서 등장한 단어이다. 드라마 주인공들인 잘생기고 부자인 네 남자를 지칭했던 것 같다. 그 이후 자주 회자 되는 단어가 되었다. 아주 중요한 누군가를 지칭하는 용도로 쓰여 진다. 디지털과 모바일시대의 국어사전에 대한 세미나가 있다는 현수막까지 등장한 시대이니 새로운 단어가 매일 매일 탄생하고 있는지도 모를 시대가 되었나보다. 새로운 단어의 의미가 F4처럼 자랑스럽고 의미 있다면 더욱 좋을 것이다.

친구 H와 늦은 저녁을 먹으며 수다가 길어지고 있었다. 가끔 마음에 맞는 친구랑 격의 없는 대화로 수다를 떨고 싶어질 때 만나는 친구이다. 오늘도 여전히 별별 시답잖은 얘기로 손님이 거의 다 빠져나간 식당에 눈치 없이 앉아 있었다. 핸드폰 소리가 우리의 끝도 없는 수다에 종지부를 찍는다. "통화 괜찮으세요?" 전화기 저편의 목소리는 다소 격앙된 듯한 음성의 T의 아내이다. "어! J엄마 오랜만이네, 괜찮아 무슨 일 있어?" 놀란 듯한 내 음성이 우스웠는지 별일은 아니라며 웃는다.

오늘이 그들 부부의 결혼 30주년 기념일이란다. 그동안 자신들의 결혼 생활을 지켜 준 F4를 선정했다고 한다. 그동안 자신들을 지지해 주고 지켜주었던 친구들 생각이 나더란다. 그래서 부부는 그 친구들에게 순번을 정하여 전화하는 중이란다. 이번에는 울지 않을 거라며 전하는 그녀의 말이다. 그런 저런 고마움을 표하며 고맙다고 인사를 하다 보니 어렵고 힘들었던 시간들, 특별한 결혼 생활을 할 수밖에 없었던 그들 부부의 이야기를 떠 올렸을 테니 어찌 눈물이 나지 않았겠는가? 감전사고로 두 팔을 다 잃어버린 T와 결혼하여 30년을 살았으니 그 세월에 대한 남다름이 특별하였으리라. 다행히 천사처럼 착한 아름다운 신부 J엄마의 남다른 사랑이 오늘 그들 부부의 30주년 결혼기념일을 맞이하게 하여주었을 것이니 친구들의 반응은 안 들어도 알만하다. 그러고 보니 나는 아직 그녀의 이름도 기억 못한다. 그저 내 친구 T의 아내, J의 엄마로만 불러 왔음이 오늘 갑자기 미안해진다.

한전에 취직해서 열심히 일하던 그가 갑자기 엄청난 사고를 당해 두 팔을 잘라내는 중상을 입고 누워 있는 병실을 지켜보며 마치 내 팔이 잘린 듯 아프고 당황스러웠다. 제주에서 지낼 때 사귄 친구로 마음만이라도 열심히 보살펴 주려도 노력했다. 이내 예쁜 색시가 그와 결혼하게 되었을 때 한없는 감사로 그녀를 맞았다. 내 나이 스물여덟 살 처녀였다.

그녀와 통화 중 나는 아직도 생생하게 떠오르는 그날의 기억을 잊으려야 잊을 수 없다. 절두산 성당의 결혼식, 신부님은 종부성사를 주었던 T의 혼배 미사를 집전하게 될 줄은 꿈에도 몰랐다며 목이 메셨다. 가족들도 신도들도 애써 눈물을 참았지만 결혼식장은 여기저기서 흐느끼는 소리에 슬픔도 기쁨도 함께하는 특별한 결혼식이 되었다. 신랑신부 친구들 사진 촬영에는 남편의 유일한 이성 친구였던 내가 신부의 친구가 되고, 신랑의 친구인 K와 함께 넷이서 조촐한 결혼식 사진을 찍었다. 노랑저고리에 빨강색의 한복치마로 곱게 차려 입은 신부와 그날 신부에게 질세라 한껏 멋을 낸 노란 투피스차림의 나와 함께 찍은 사진은 아직도 소중하게 내 앨범의 한 칸을 차지하고 있다. 30년의 결혼생활을 지켜낸 그들 부부의 남다른 결혼 생활 동안의 단면들이 마치 단편 영화의 한 장면들처럼 스치며 지나간다.

뒤뚱거리는 몸으로 집을 짓느라 4층 계단을 오르내리는 모습에 안타까움을 더 해주었던 시간 속으로 달려간다. 그래도 그 시간 속에는 열정적 모습의 친구 T와 철없어 보였던 그의 아내 J엄마가 겸연쩍게 웃으며 서있다. 그런 고생을 하며 지어진 그 집은 그들의 따뜻한 보금자리가 되었고, 부자유스러웠던 걸음걸이도 균형을 어느 정도 찾을 수 있게 해주었다. 더욱 중요한 것은 그 집은 지금 그들 부부의 노후 수입원이 되어 그들 부부의 삶을 지켜주고 있다.

내가 그들 부부의 F4로 선정되었다는 그녀의 말은 지나간 시간들 속의 그들 부부와 나의 시간들을 떠올리게 한다. 아픈 기억도 즐거운 기억도, 그쯤 되면, 결혼 30주년쯤 되면 모두가 소중해지는 모양이다. 이는 그들 부부의 결혼 생활이 지금도 여전히 아름다움을 향해 나아가고 있음을 반증하는 것이리라. 자신들이 결혼생활에 도움을 주었던 사람들에게 일일이 전화하며 고마움을 전하고 있음은 앞으로 더욱더 잘 살겠노라고, 지켜봐 달라는 것일 터이니 그들 부부의 아름다운 결혼 생활이 부럽기까지 하다.

열렬히 사랑하던 남자가 불의의 사고로 불구가 되어도 그 곁을 계속 지키기가 어려울 텐데, 하물며 생면부지의 여성이 극심한 장애를 갖게 된 상황의 남자를 배필로 선택한다는 것은 지금 생각해도 불가사의 할 수밖에 없다. 바로 그 일을 감행한 여인이 지금 전화를 걸어온 것이다. 이런 경우 곧잘 인연이라고들 말하지만 그 말만으로는 이들 부부의 삶을 설명하기에 턱없이 부족하다해도 과언이 아닐 것이다.

그래! 자네 부부가 나를 F4에 선정했다고 하니 나도 더더욱 자네들의 삶에 영양가 있는 사람이 되도록 노력함세! 친구여! 아마도 이 세상에서 이런 아름다운 전화를 받아 본 사람은 없을 것이다. 오늘 내게 전화하여 나를 F4에 정했다고 한 것처럼 그 부부의 전화를 받은 나머지 세 명도 나와 같은 기분일 것이다. 이런 전화를 받은 사람은 이 세상에 우리 네 명밖에 없을 것이니 말이다. 그러니 이 밤 나는 이 세상 누구보다도 기쁘다. 그들 부부의 F4가 되었음이 한량없이 기쁘다.

오늘 내 수다의 상대가 되어 준 그 친구도 그들 부부의 전화에 감동한 모양이다. 내 덕에 소싯적에 여러 번 그들 부부를 만날 기회가 있었던 친구이다. "헤이 친구! 너 이런 전화 받아 봤어?, 없지?, 이런 전화 아무나 받는 것 아니라고 한껏 자랑을 하며 우리의 수다는 계속된다. "그런데 네가 몇 번째야?" 친구의 느닷없는 질문에 갑자기 궁금증이 인다. "글쎄?" 한 번 확인해 보자며 웃는 내 모습에 친구인 H도 몹시 궁금하다는 표정으로 따라 웃으며 덩달아 즐거워한다. 그들 부부의 F4임을 뽐내는 내 어깨가 한껏 으쓱해진다. (2015. 7. 4.)

골목 안 꼬마제왕

골목길 제왕적 카리스마를 휘두르던
골목대장의 위력도 함께 묻혀버렸음은 말할 것도 없음이다.
그러하면 또 어떠랴, 그 세월동안 나에게는
또 다른 삶의 위력이 생겨났을지도 모를 일이니….
내 청춘, 내 장년을 살아내는 동안
정성들여 다듬어진 예쁜 구슬들을 다시 모아
황금 같은 인생을 살아가면 될 일이다.

새 신을 신고 뛰어보자 팔짝

새 신을 신는 다는 것은 참 기분 좋은 일이다. 새 신발은 신으면 발걸음도 사뿐사뿐, 마음도 날아갈 듯한 그 기분은 초등학교 때 그 날과 같음은 여전하다.

나는 신발에 대한 애착이 좀 강한 편이다. 발 사이즈가 유난히 작아서 발에 맞는 신발을 고르기도 쉽지 않다. 그럼에도 불구하고 유독 신발에 대한 나의 애착은 식을 줄을 모른다.

초등학교 때의 일이다. 60년대이니 우리나라 경제사정이 말이 아니던 때이다. 경제사정이 어려우니 부모님은 한 번사면 오래 신는 신발을 사 줄 수밖에 없던 시절이다. 거기에 안성맞춤인 신발이 검정고무신이다. 재생고무로 만들어진 검정고무신은 오래 신어도 떨어질 줄을 모른다. 자동차 타이어를 재생해서 만들었는지 알 수 없으나 도무지 떨어지지 않았다. 가정 형편이 조금 넉넉한 아이들은 중학생이 신는 맹꽁이 운동화도 더러 신곤 하는데 형편이 어려운 대다수 아이들은 검정고무신 일색이다. 새 신발일 때는 까맣게 빛이 났지만 오래 신다보면 햇볕에 탈색이 되어 쥐색으로 변한다. 그러니 꼬맹이인 내가 견딜 수 없는 지루함에 치를 떨 정도이다. 하굣길에 돌멩이에 문질러 보기도 하고 신발을 벗어 하늘 높이 날려 보기도 하지만 도무지 떨어질 기미가 안 보였다.

그 지루함을 견디다 못한 내가 어느 날 악수를 두었다. 광에 있는 낫으로 신발에 구멍을 내버린 것이다. 그리고는 신발이 구멍 났다고 들이밀었다. 그럴 수밖에, 설날에 받은 세뱃돈으로 맹꽁이 운동화를 사주기로 한지가 한참 지났기 때문이다. 몇 번을 사달라고 엄마께 졸라도 일관되게 하시는 말씀 왈 신발이 떨어지면 사준단다. 그러니 그 기다림이 얼마나 지루한가. 봄도 지나고 여름도 지나고 가을도 지나 다시 설이 돌아오게 생겼는데도 신발은 떨어질 생각을 않으니 어쩔 수 없이 초강수를 두고 말았다.

아침 밥상에서 꺼낸 신발 얘기는 엄마의 묵묵부답으로 동강나 버렸다. 눈물이 났다. 신발에 구멍 났다는데도 묵묵부답이시니 얼마나 복장이 터지는 일인가? 눈물바람을 하는 내게 오빠의 큰 눈이 매섭게 날아든다. "너 신발 가져와봐." 갑자기 심장이 오그라든다. 들키면 어쩌지? 떨리는 손으로 신발을 갖다드렸다. 이리보고 저리 보던 오빠의 큰 눈에 갑자기 불이 켜진다. "이눔의 기집애가" 하는 호통소리에 나는 밥 먹던 숟가락을 내던지고 걸음아 나 살려라 하고 냅다 뛰었다. 그날 나는 종일 집에도 못 들어가고 맨발로 걸어 다녀야만 했다.

아버지가 안 계신 나를 엄마는 한 번도 야단치거나 매를 들어본 적이 없으시다. 대신 나이 차이가 많이 나는 큰 오빠의 호통은 언제나 저승사자 그 이상이었다. 그렇게 그날은 종일 밥도 못 먹고 캄캄해 질 때까지 기다렸다 마치 도둑고양이처럼 살금살금 들어가 배고픔도 꾹 참고 이불 속으로 들어가 버렸다.

다음 날 아침 책보를 싸들고 무작정 툇마루에 손을 들고 앉았다. 그 모습을 본 오빠는 어이가 없었는지 웃고 말았다. 그렇게 그날의 사건은 일단락 지어졌지만 신발을 사달라고 말할 처지가 못 된 나는 어쩔 수 없이 며칠 동안을 구멍 난 신발을 신고 학교에 다녀야 했다. 몇날 며칠을 말도 못하고 엄마 앞에서는 눈물 바람을, 오빠 앞에서는 고양이 앞에 쥐 마냥 오그라드는 날이 계속 되었다.

5일마다 돌아오는 장날이 몇 차례 지나고도 소식이 없었다. 제삿날이 다가왔다. 그 날은 엄마가 시내에 있는 시장에 가는 날이다. 어떻게든 쫓아가야 한다. 전 날 엄마께 같이 가겠다고 졸랐다. 아마도 금방 눈치 채셨을 것이다. 보나마나 저 녀석이 가기만 하면 신발 사 달라 조를 것을 왜 모르셨겠는가? 안된다고 거절 하신다. 전 날 저녁을 밥도 안 먹고 이불 속에서 훌쩍거렸다. 밖에서 훌쩍댔다간 오빠에게 걸릴 것이 뻔하니 내가 울음으로 엄마를 조를 곳은 그곳 밖에 없기 때문이다. 한 참을 훌쩍 대니 알았으니 잠이나 자란다. 얼마나 신이 났는지 배고픈 것도 잊어버렸다. 그런데 이를 어쩌랴. 학교 가는 날이다. 학교를 안갈 수도

없으니 아침 식사 시간에 엄마 눈만 쳐다보았다.

수업시간 내내 제발 엄마가 내 맹꽁이 운동화 살 돈이 남아 있기를 간절히 비느라고 무엇을 배우는지도 몰랐었다. 해 질 무렵 집에 돌아 온 내 눈앞에는 까만 바탕에 하얀 줄이 그어진 맹꽁이 운동화가 놓여 있었다. 세상을 다 얻은 기분이었다. 팔짝 팔짝 뛰며 고무줄을 해도 걸리지도 않는다. 달리기를 해도 잘 되기만 한다. 잠을 잘 때는 누가 훔쳐갈 까봐 방구석에 들여놓는 것도 잊지 않았다. 아마도 그때의 내 맹꽁이 운동화는 이 세상에서 제일 멋진 명품이었을 것이다.

아들 부부와 명동의 L호텔에서 모처럼 좀 비싼 점심식사를 했다. 멋진 시어머니인척 하느라 너희들끼리 명동에서 데이트하라며 보내버리고 백화점으로 갔다. 까만 가죽에 하얀 테두리가 산뜻하게 그어진 신발이 눈에 들어온다. 날렵하고 예쁜 단화이다. 언제부턴가 하이힐은 신지 않는다. 나이 탓인 게다. 볼이 넓은 신발이 편해지기 시작하면서부터이다. 거기다가 얼마 전 발목까지 접질려 다친 후로는 운동화나 워커 타입의 신발만 신고 있다. 한참을 망설였다. 신을 수 있을까? 그런 내 모습을 본 종업원이 덥석 물었다. 사이즈가 없으니 발에 꼭 맞게 맞추어 준단다. 발이 중간 사이즈라 여러 번 시도해 본 일이다. 맞춤 신발을 한 번도 성공해 본 적 없다는 나를 걱정 말라며 설득한다. "그래 이제 좀 예쁜 신발도 하나 쯤 있어야 돼" 하고 선뜻 맞추고 말았다. 그렇게 맞춘 신발을 보름이 지나서야 찾으러 갔다. 신발이 크다. 걸으면 벗겨진다. 종업원은 깔창을 깔고 무드질이란 것을 하고 난리법석을 떨며 신을 수 있게 해 준단다. 일주일 후 다시 찾은 신발은 거실에서 두어 시간을 신어보아도 영 불편함이 가시지 않는다. 어쩔 수 없이 반품 할 수밖에. 나이를 먹으니 발이 모양이 많이 변형되어서 이제는 모양 나는 신발은 신을 수 없게 되었다. 하긴 발 건강, 몸 건강을 위해서도 편한 게 제일이라니 그리 함이 마땅한 것을….

어린 시절 검정 고무신을 구멍 내는 무리수를 두면서 까지 얻은 내 맹꽁이 운동화가 그립다. 이제는 어떤 수를 써서 얻더라도, 어떤 명품 신발을 갖다 줘도 불편함에 신을 수 없으니 새 신을 신고 팔짝 팔짝 뛰는 건 포기할 수밖에. 그러하면 어떠하랴 내 두발이 아직은 건강함을 유지하고 있으니 그것으로 충분하지 않은가? (2015. 9. 6.)

철탑 위의 다이빙

2월에 다친 발목은 아직도 그저 그런 상태이다. 크로아티아 여행도 포기하고 자숙하고 있지만 나이를 먹어서인지 5개월이 다 되어 가는데도 여전히 불편하기만 하다. 아니 사실은 거의 나아가고 있었다. 조금 나은 듯했었는데 내 호기심 탓에 다시 덧났다고 해야 함이 옳다. 오랫동안 운동을 해온 탓에 운동 중독증이 생겼는지 운동을 하지 않으면 마음이 불편하다.

운동치료사와 한의사가 조금씩 운동을 해도 될 것 같다는 말에 런닝머신의 경사도까지 높여가며 열심히 한 것이 독이 됐는지 다시 덧나버린 것 같다. 처음에 시작할 때는 조금만 하고 내려올 요량이었지만 내 못된 성취욕과 호기심이 발동한 탓에 무리한 것이다. 조심할 걸 하고 후회해 봐도 이미 지나간 버스가 돼버렸다. 휴우~, 참 한심한 인사이다, 나는.

그래도 무언가 해야겠기에 열심히 찾아낸 운동이 수영이다. 발목에 무리도 안가고 유산소 운동에, 수영의 종류를 선별하면 허리에도 무리가 되지 않는다니 딱 안성맞춤이라는 말에 주저 없이 등록했다. 사실 나는 10여 년 전에 3개월 정도 수영을 했다. 수영 강사에게 10여 년 전 해보았노라고 했더니 중급으로 보낸다. 두어 차례 오가는 모습을 보더니 툭툭 친다. 다시 초급으로 가서 발차기부터 하란다. 완전히 스타일 구겨진다. 하지만 어쩌겠는가? 현실이 그런 걸, 말없이 왕 초보 반으로 갈 수 밖에.

사실 말이 나왔으니 말이지만 나의 개헤엄으로 시작된 수영은 모양이 좀 빠져서 그렇지 수영거리나 용감성을 이미 수 십 년 전에 인정받았다고 해도 과언이 아니다. 초등학교 6학년 때 그만두긴 했지만 그 이전에는 그 동네 조무래기 또래 중에는 꽤 날렸다. 우리 동네는 바닷가에서 3킬로쯤 떨어진 동네이다. 제주도에서는 이 정도이면 웃뜨르(위쪽 들녘, 산동네)에 해당한다. 학교가 끝나는 여름날이면 바닷가가 집에 가는 거리보다 훨씬 가까우니 조무래기들은 모두 바다로 향한다. 부모님이 야단을 치건, 걱정을 하건 그건 나중 일이다. 우선은 시퍼렇게 넘실대는 푸른 바다와 얼음장처럼 차가운 용천수가 샘솟는, 검은 모래사장이 사람들로 꽉 차 항상 축제장처럼 신이 나는 그곳이 지상낙원이 될 수밖에.

초등학생인 내 벗들은 우리 동네 조무래기 남자 아이들이다. 여자 아이들은 같이 가긴 하지만 야트막한 곳에서 강아지처럼 헤엄치며, 아니 물장구치며 노는 정도이다. 그런데 나는 그런 곳이 성에 차지 않는다. 좀 용감한 사내아이들이 내 동무가 된다. 용천수가 바다를 가로질러 흐르는 탓에 듬성듬성 큼지막한 모래무지들이 생겨서 바다는 수심이 제 각각이다. 그래서인지 알 수 없지만 바닷가에는 생뚱맞게도 4, 5미터 정도의 철탑이 있다. 사람이 올라가 서 있을 수 있게 생긴 철탑, 우리는 그 것을 망보기 탑이라 불렀다. 밀물 때가 되어 물이 들어오면 모래 위에 우뚝 서있던 그 탑은 시퍼런 물속에 홀로 남는다.

어른들은 그때를 이용하여 그 탑에서 뛰어 내리며 이른바 다이빙을 즐긴다. 아무리 조무래기들인 우리이지만 그때를 놓칠 리 없다. 그 우스운 개헤엄, 지금의 평형이라고 할 수 있는지 모르지만 그 비슷한 헤엄으로 거기까지 가기 시합을 한다. 물론 여자애는 나 혼자이다. 하긴 그 꼬맹이들이 남자, 여자가 구별될 리 없다. 똑 같이 티셔츠와 바지, 혹은 치마를 벗은 팬티바람이니 다를 게 무언가? 머리 모양이 나와 조금 다르긴 하다. 나는 그 이상한 사각 단발이고 사내들은 까까머리이거나 스포츠형이다. 그래도 그 모양새가 다르다고 아무도 신경 쓰지 않는다. 나는 육지에서건 바다에서건 사내아이들이랑 노는 걸 즐기니 남녀칠세부동석이란 말이 있는 줄도 몰랐다. 아! 가끔은 다른 계집아이들이 섞이기도 한다. 다른 동네 아이들도 그 탑에서는 서로 같이 경쟁자 대열에 참여하는 경우도 있기 때문이다.

남에게 뒤지기 싫어하는 나는 이를 악물고 뛰어 내린다. 처음에는 모래 바닥에 머리가 닿기도 하고 쿵쾅거리는 심장 소리를 다른 애들이 들을 까봐 숨죽인다. 입술이 새파래질 때도 있다. 겁이 나서인지, 너무 오래 바다에 있어서인지 모르지만 애들이 왜 그러냐고 물으면 추워서 그렇다고 대답한다. 그렇게 대답하는 건 비단 나만이 아니다. 지기 싫어하는 아이들은 모두 그렇게 대답했을 것이다.

처음에는 철탑의 밑단에서 시작해서 점점 더 높이 올라간다. 멘 꼭대기에 다다를 때까지. 멘 꼭대기에 다다른 그 날 뛰어 내리는 그 순간 나는 죽을 지도 모른다는 생각이 들기도 했다. 그래도 어쩔 수 없다. 이겨야 하니까. 그리고 뛰어내려 포물선을 그리며 수면 위로 내 머리를 내미는 그 순간의 쾌감, 아직도 잊을 수 없다.

지금 같으면 상상 할 수 도 없는 일이다, 아마 지금 그랬다면 해상 안전요원이 사이렌 소리를 내며 달려 올 것이다. 그러나 그때는 간혹 걱정스런 어른들이 "그러다가 다칠라 조심하라"는 정도이다. 그것도 가끔, 아마도 베이비 붐 세대인 우리들은 한 집안에 아이들이 수두룩하니 아이 하나쯤 잘 못 되어도 그만이었는지 모른다. 아니 그때의 부모들은 아이들이 그런 짓을 하고 있는지 신경 쓸 겨를조차 없었다고 해야 옳을 것이다. 그 많은 식구들을 다 먹여 살려야 하니 아이들이 어디서 어떻게 놀고 있는지 알 길이 없다. 그저 밥 때가 되어서도 들어오지 않으면 그제서야 걱정을 하셨을 정도라고 봐야 옳을 것이다. 그만큼 살아내기 힘들고 어려웠던 시절이니 우리에게 그 위험한 놀이가 허락(?) 되었던 셈이다.

어느 날 급기야 사단이 났다. 토요일 학교가 끝나자마자 해수욕장으로 간 나는 해가 뉘엿뉘엿 넘어갈 때가 되어서야 집으로 왔다. 배도 고프지 않았다. 열이 났다. 마루에 벌러덩 누워버렸다. 밭일을 마치고 오신 엄마랑 오빠가 들쳐 없고 약방[4]으로 갔다. 좀처럼 맥을 못 추는 나를 찬물 찜질에, 링거주사까지 맞히고 서야 집으로 올 수 있었다. 더운 여름날 장시간 동안 바다에서 뒹굴었으니 일사병이 올 수밖에. 얼마나 꾸중을 들었는지, 그리고 엄마는 말씀하셨다. 점쟁이가 그 해 여름은 바다에 가면 빠져 죽는다고 했단다. 덜컥 겁이 났다. 하마터면 죽을 뻔 했다는 생각이 들었다. 조심해야지 다짐했지만 그때 뿐, 나의 바닷가 사랑은 여전히 계속되었다. 여름이 끝나고 가을이 되어도 나는 멀쩡히 살아 있었다. 나는 생각했다. 역시 미신은 믿을게 못 된다고. 엄마에게 말했다간 꿀밤이나 맞을 터이니 속으로만 생각하기로 했다. 그렇게 화려했던 내 유년시절의 철탑 위의 다이빙은 육학년이 되어 중학교 시험 준비에 바빠지면서 막을 내렸다.

이제 나는 건강을 위해 수영을 한다. 이제는 우스꽝스러운 개헤엄이 아닌 자유형, 배영, 평형, 접영 등, 좀 폼 나는 모습으로 수영을 하며 내 몸을 건강하게 지킬 것이다. 비록 10여 년 전 배웠던 수영 실력이 온데간데없어져서 다시 발차기부터 하는 신세가 되었지만 나는 용감했던 그 철탑 위의 다이빙을 떠올리며 건강을 위해 열심히 열정을 불태우리라. 아마도 머지않아 나는 자유형도, 평형도 누구보다도 앞서나갈 것이다. 그때의 숨은 실력을 몸이 기억하고 있을 테니까. 지루하던 발차기가 슬슬 힘이 붙기 시작하며 신명이 난다. (2015. 6. 27.)

4) 그때의 약방은 의원이 되기도 했다. 후에 그 약방 주인은 불법 의료행위로 잡혀갔다한다.

누명

얼마 전 L여인은 식당 옥상에 올라가 쓰러져 뇌수술을 받았다. 무슨 고민이 많았는지 화를 삭인다며 올라가 30분이 넘도록 내려오지 않아 올라가 보니 쓰러져 있었다 한다. 이런 경우 초반 골든타임이 생사를 좌우한다는데 언제 쓰러졌는지도 모르는 상태가 되었으니 수술한지 한 달이 지났지만 이제 겨우 몇 개의 단어를 구사하는 정도가 되었다.

그녀의 남편은 부부간 성격차이로 인한 갈등이 10여 년 이상 가더니 하던 사업마저 잘 되지 않자 이런 저런 이유가 스트레스가 되었는지 집을 나가 버렸다고 한다. 그녀도 대학생 아들이 둘씩이나 되는 형편이라 시장에서 조그만 식당을 운영하고 있었다. 그런데 이상한 루머가 돌았다. 야채가게에서 물건을 훔쳤다는 것이다. 그것이 들통 나게 되어 스트레스가 극에 달해 쓰러지게 되었다는 것이다. 지금 환자의 상태로 보아

확인해 볼 수도 없는 노릇이니 답답하기만 하다는 것이다. 사실이라면 얼마나 사는 게 고달팠으면 그리했을까 싶기도 하고, 어이없는 누명이 아닌가 싶기도 하다.

누명이라는 단어에는 나도 할 말이 있다. 수십 년 전 일이지만 지금도 억울함이 남아 있음인지 그때의 일이 선명하기만 하다. 초등학교 4학년 때이다. 어느 여름인가로 기억된다. 아침 조회시간에 주번인 나는 짝꿍과 교실에 남아 교실 지킴이가 되었다. 그런데 조회를 마친 우리 반 아이 중 누군가가 돈을 잃어버렸단다.

얼토당토않게 주번인 우리가 범인으로 지목되었다. 담임이신 K 선생님은 여선생님으로 꽤 지명도가 높았던 분이셨다. 그런 유명한 분이시니 당연히 우리의 긴장감도 배가되었으리라.

짝꿍이 먼저 교무실에 다녀오고 다음으로 내가 갔다. 선생님은 "네 짝꿍은 돈을 안 가져갔다고 하니 그럼 너인가 보다"며 야단을 치셨다. 더욱 어이없는 것은 짝꿍은 가정형편이 그리 나쁘지 않으니 그럴 이유가 없다는 것이다. 나는 아버지가 일찍 돌아가시는 바람에 가세가 기울어 기성회비조차도 못 낼 형편이었으니 내가 범인일 것이라는 투였다. 절대로 아니라며 부인을 하여도 믿지 않는 눈치였다. 교실에 있는 동안 행동을 모두 말하라며 같은 말을 여러 번 시켰다. 그래도 선생님은 나를 의심하는 눈치이니 더더욱 억울해졌다. 그리고는 교무실에서 벌을 세웠다. 두 팔을 들고 있는데 계속해서 눈물이 났다. 시간이 갈수록 눈물은 폭포수처럼 흘러내렸다. 한참을 기다리니 선생님은 엄마를 모시고 오라신다.

두 말도 하지 않고 달렸다. 달리면서도 계속 울었다. 지금 어른 걸음으로 15분 정도 걸리는 오르막길을 달려 엄마가 일하시는 밭으로 갔다. 어머니를 보자 울음은 통곡이 되었다. 밖에서 싸움을 해서 코피가 나도 싸움에 진 것으로 될까봐 안 울던 딸이 대성통곡을 하는 모습에 적잖이 놀라셨는지 말을 하라며 재촉을 하셨다. 사정을 듣고 난 엄마도 화가 나셨는지 김을 매던 차림새 그대로 학교로 가셨다. 그때 처음 엄마가 나 때문에 학교에 가신 날이다. 학교에 가시니 예전 아버지의 지인이셨던 분이 달려 나오시며 마중을 하시고는 담임선생님께 소개를 하시더니 나한테는 교실에 가 있으라 하신다. 퉁퉁 부운 눈으로 교실로 들어섰다. 아이들이 일제히 나를 쳐다본다. 더 화가 나서 다시 울음이 나왔다. 아이들이 수근 거리는 소리가 들렸다. 조금 있으니까 엄마가 걱정하지 말라며 소매 자락으로 눈물을 닦아주시고는 집으로 가셨다.

선생님이 들어오시더니 우리를 모두 책상 위에 올라 앉아 눈을 감고 손을 들고 있으란다. 선생님은 우리 모두를 향해 말씀하신다. "너희들 중에 오늘 돈을 가져간 사람이 있다면 지금 모두 눈을 감고 있으니 손을 가만히 내리면, 선생님이 모든 걸 다 용서해 주고 친구들한테도 말하지 않을 것이다. 선생님은 다 알고 있지만 그 사람이 스스로 잘못을 뉘우칠 기회를 주기 위해 그러는 것이니 거짓 없이 행동해 주었으면 한다." 라고 하셨다. 그리고는 그 일은 일단락되었다. 누군가 손을 내렸는지는 알 수 없다. 선생님은 모두 손을 내리라며 우리들의 벌을 풀어주었다. 그리고는 오늘의 주번들은 범인이 아니니 너희들은 오해하지 않기를 바란다고 하셨다. 가슴이 꽉 메어 왔다. 도둑 누명에서 벗어나게 되어서인지 누명을 쓰게 된 경위가 속상해서인지 알 수 없는 야릇한 슬픔이 한 덩이 가슴에 무겁게 내려앉았었다. 다음날 엄마는 옆집 아주머니께 빌리셨는지 밀린 기성회비를 주셨다.

며칠 후 선생님은 교무실로 나를 불렀다. 선생님이 너를 속상하게 했었다며, 그렇다고 네가 돈을 훔쳤다고 생각했던 것은 아니시란다. 미안하다 하시며 손을 꼭 잡아 주셨다. 그 후 선생님은 비교적 잘 대해 주셨다. 그 일이 있어서였을까? 그 해 크리스마스에는 선생님께 선물을 보내고 싶었다. 편지봉투에 연필 한 자루를 넣고 매 해 년 말이면 나오는 크리스마스실이 우표인줄 알고 우표처럼 떡하니 봉투에 붙이고 '대한극장 옆 K 선생님'이라고 쓴 편지를 보냈다. 언젠가 선생님 댁에 우리를 데리고 갔던 곳을 기억을 살려 적은 주소이다. 그 편지가 군인아저씨께 보내는 위문편지 이후로 내가 태어나서 처음 보내는 편지이다.

그러나 생애 처음 보낸 그 편지는 되돌아오고 말았다. "호인아! 편지 왔다"는 소리에 달려가서 받은 편지는 쭈글쭈글 찢어진 봉투에 연필이 삐죽이 나와 있는 모습으로 되돌아왔다. 오빠들은 그 동네가 우리 동네인줄 아나며 놀려냈다. 선생님이 사시는 곳은 마치 서울의 명동처럼 번화한 곳이니 집배원 아저씨가 대한극장 옆 K 선생님 댁이 어딘 줄 알고 찾겠냐며 웃음바다가 되었다. 부끄러운 마음에 얼른 방으로 들어가 버렸다.

그 조그만 소녀인 나도 그때는 그 누명 때문에 받은 상처를 만져준 그분이 무척 고마웠으리라. 그러니 덜렁이인 내가 편지와 함께 선물까지 준비했음일 것이다. 그러나 상처는 여전히 상처로 남아있었던 모양이다. 고마움 반 아린 아픔 반인채로 가슴 한 구석에 남아 있던 상처가 L여인의 야채가게 사건과 함께 클로즈업 되었다.

누명이란 사실이 아닌 일로 이름을 더럽히는 일이라 한다. 어디 이름뿐이랴. 왕정시대 같았으면 누명의 정도에 따라 누명 쓴 이의 가족, 심지어는 삼족을 멸하는 형벌까지도 감수해야 했었던 것을. 사실이든 아니든 그 부담을 짐작하고도 남는다. 아직은 그녀의 아이들에게는 비밀에 부쳐졌다지만 만약 자식들까지 이를 안다면 얼마나 기막힌 일이겠는가? 사실 여부를 떠나 그 상황에 처해진 그 시간의 고통을 짐작하고도 남는다.

그러나 누명은 누명일 뿐이다. 억울함에 그녀가 자신의 심신을 무너지게 하였다면, 그녀가 빨리 병이 호전되어 사실이 아님을, 그녀의 입으로 자초지종을 말하고 오해가 풀려 억울한 누명이 되었음을 밝혀지길 바란다. 그녀는 어머니마저 일찍 세상을 떠나 김매던 차림으로 달려와 줄 수도 없으니 누가 있어 그녀의 억울함을 풀어줄 수 있을까? 오직 그녀가 병마와의 싸움에서 훌훌 털고 일어나 그녀에게 씌워진 누명을 벗고 건강한 삶을 살아갈 수 있으면 하는 바람으로 힘없이 늘어져 버린 그녀의 손을 꼭 잡았다. 그녀의 힘없는 손아귀에 진한 땀이 배어있음을 느낀다. 진하게 배어 있는 그녀의 땀이 안쓰러워 다시 한 번 손을 힘주어 잡아주었다. 그녀의 입가에 희미한 미소가 번진다. (2014. 12. 26.)

골목 안 꼬마제왕

"골목길 접어들 때엔 내 가슴은 뛰고 있었지" 80년대 재즈 음악의 화신이었던 신촌블루스 김현식이 노래한 노랫말의 첫 소절이다. 그녀를 향한 마음을 담아 커튼이 쳐진 창문을 바라보노라면 그녀가 창문을 열 것만 같음에 설렘이 가득한 가슴으로 서 있는 모습이 영상화 된다. 나에게도 어린 시절 골목길에 대한 추억은 노랫말처럼 아련한 꿈같은 화면이 되어 가슴에 남아 있다.

초등학교 4학년 때로 기억된다. 예나 지금이나 그림에 별반 소질이 없던 내가 유일하게 학교 게시판에 그림을 걸어 놓을 수 있었던 것도 골목길에 대한 추억에서 비롯되었다. 여름이 되면 유난히 태풍이 많이 오는 제주에는 태풍이 지나고 나면 골목길은 도랑물의 지형도가 바뀌기 일쑤이다. 늦은 여름 무섭게 휘몰아치는 비바람 탓에 꼼짝도 못하고 집

안에 갇혀 있던 답답함이 턱 밑까지 올라오고 있을 즈음 비바람이 조금씩 잦아들었다. 좀이 쑤신 나는 아직 비가 그치지 않았는데도 엄마 몰래 집을 나섰다. 앞집 H네 더러 나오라 재촉했다. 눈이 커서 그런지 H는 사내 녀석인데도 제 여동생 보다 더 겁이 많았다. 무섭다며 주저하는 H에게 종주먹을 쥐어 보이자 어쩔 수 없이 따라 나섰다. 세 찬 비바람 덕에 골목길에는 물도랑이 여러 갈래로 나뉘어 있었다. 그 날 내가 택한 놀이는 그 물 도랑을 하나로 잡아 흐르게 하는 놀이었다. H랑 그의 여동생 S더러 열심히 흙을 파고 날라 물길을 내도록 하였다. 아직 비가 그치지 않았으니 어른들도 없는 길가는 우리들 세상이었다. 물길을 잡아 흐르게 하고 그 물길을 한데 모아 조그만 호수를 만들고 하는 사이 어느새 비바람은 그치고 태풍이 지나간 하늘은 산뜻함을 가득 품은 태양을 내밀기 시작하였다. 비에 젖어 있던 우리의 옷은 어느새 말라 있었다. 비 개인 오후 우리는 흙으로 둑을 쌓고 물길을 내어 아름다운 강과 호수를 만들었다.

둑을 쌓은 위에는 돌멩이를 주워 모아 우리들의 집도 만들었다. 내 인생 최초의 도시설계인 셈이다.

미술시간이었다. 이 모습을 몇 개 안 되는 색깔의 크레파스로 그린 그림이 내 생애 첫 전시작이 되었다. 선생님은 상상력이 풍부하고 창의적 발상의 그림이라며 칭찬을 하셨다. 사실은 요즘 유식한 말로 표현하면 사실주의적 화법이었는데 그때는 선생님이 왜 그런 말씀을 하시는지 조차 모르고 마냥 신이 났다. 그 그림 속에는 나와 앞집 친구, 그리고 우리 집 앞 골목길 풍경이 고스란히 담겼었다.

지금은 올레길이라 하면 제주를 대표하는 대명사가 되었지만 그 시절 우리의 올레는 꼬맹이들의 놀이터였다. 제주의 독특한 울타리 문화인 돌담은 다듬어지지 않는 돌을 얼기설기 올려 쌓아 놓아 집과 집의 경계, 밭과 밭의 경계를 구분 짓는다. 얼마 전 제주의 그 밭담은 세계중요농업유산에까지 등재되었다 한다. 우리 집 울타리인 그 돌담은 구멍이 숭숭 뚫려 툇마루에 앉아 있으면 돌담 사이로 담장 밖으로 다니는 사람의 면면까지 모두 볼 수 있다.

조그만 체격의 내가 골목대장 노릇을 고수 할 수 있었던 건 순전히 위로 오빠들이 셋씩이나 든든히 버티고 있었기 때문이다. 감히 누구도 나를 건드리지 못했다. 그냥 말만 해도 동네 조무래기들이 딱지나 구슬은 내 것이 되던 황금 같은 시절이었다. 우리 동네 또래 아이들 중에서는 제일 가난했던 내 형편에 딱지 접을 종이도 귀했던 시절이었지만, 내 딱지는 항상 새 것으로 바뀌어 있음은 순전히 빽 좋은 내 배경 덕이다.

나 보다 훨씬 키도 크고 힘이 센 사내아이들도 여자인 나랑 구슬치기나 딱지치기를 할 때면 내 기분을 맞추는 게 급선무이니 내가 진정한 골목의 제왕이었다.

어느 날엔가 앞집 녀석이랑 놀고 있던 중 귤이 먹고 싶어졌다. 집집마다 몇 종류의 귤나무가 몇 그루씩 있던 때이다. 아직 제주의 감귤 과수원이 생기기 전이니 제주의 명칭으로 뱅줄, 산물[5], 댕유지[6] 등등이라 불리는 귤나무가 집집마다 한두 그루씩 있던 때이다. 가을이 되면 그 귤나무 밑에는 동네 조무래기들의 서리가 당연시 되어 남아나질 않았다. 아마 어른들도 으레 그러려니 하였던 것 같다. H와 나는 손을 잡고 H네 뱅줄[7] 나무 밑으로 가고 있었다. 둘이 손잡고 깡충깡충 뛰면서 가다가 동시에 넘어졌다.

피가 철철 나는 내 팔꿈치를 보면서 너 때문이라며 H를 때리려 쫓아다녔다. 그날부터 3~4일을 툇마루에 앉아 H가 지나가는지를 살폈다. 내가 무서워 우리 집 앞 골목길을 지나 갈 수가 없게 된 H는 나를 보면 울면서 도망갔다. 내가 몽둥이를 들고 쫓아가던 날 서쪽 집, Y네 까지 도망가고도 모자라 Y네 집 마루로 방까지 침입한 날이다. Y의 왕할머니의 자상한 만류로 화해하고 다시 손잡고 다니는 사이가 되었다.

이제 고향을 떠나온 지 40여 년이 다 되어간다. 몇 년 전에 가 본 그 골목길은 정말 조그맣고 초라했다. 추억속의 내 제왕적 권위가 쪼그라들

---

5) 요즘의 금귤정도의 크기로 씨가 많고 신맛이 더하다. 껍질이 얇아 까먹기 좋아 어린 아이들에게 인기가 좋았다.

6) 한라봉 모양으로 크기도 비슷하다, 한약재로 많이 쓰여 지금도 더러 있다.

7) 요즘의 한라봉처럼 생긴 것으로 씨가 많고 한라봉보다 신맛이 더하다.

고 있었다. 지금은 그 마저도 남아 있는지 알 수 없다. 개발이라는 이름 하에 널찍널찍하게 길이 나니 큼지막하게 보였던 옛집은 오두막이 되었다. 하늘에 닿을 것만 같던 600년 된 팽나무도 초라하게 늙어 링거 병이 주렁주렁 메 달려 있는 신세가 되었으니 세월이 정말 유수와 같이 흘렀음을 알았다. 이제는 도로가 모두 포장이 되어버렸으니 태풍이 불어 아무리 비바람이 세차게 몰아친다 한들 골목길의 도시설계는 어림도 없는 일이 되었다.

골목길 제왕적 카리스마를 휘두르던 골목대장의 위력도 함께 묻혀버렸음은 말할 것도 없음이다. 그러하면 또 어떠랴, 그 세월동안 나에게는 또 다른 삶의 위력이 생겨났을지도 모를 일이니….

내 청춘, 내 장년을 살아내는 동안 정성들여 다듬어진 예쁜 구슬들을 다시 모아 황금 같은 인생을 살아가면 될 일이다. (2014. 10. 26.)

공주의 사랑

에덴동산에서 뱀의 유혹에 넘어가 아담에게 선악과를 먹게 하면서부터 시작된 뱀과 여인 사이의 숙명적 만남은 지금껏 계속되고 있는지도 모를 일이다.

초하의 아침 친구와 동행한 청평사 나들이는 새로운 발견에서부터 시작되었다. 청평사를 오르는 길은 맑은 공기와 울창한 숲이 뿜어내는 피톤치드가 전신을 감싸온다. 경사진 길을 따라 걷는 동안 폐안의 모든 찌꺼기가 씻어 내리는 듯한 산뜻함이 온 몸을 채운다.

청평사가 공주의 설화를 안고 있음을 그곳에 가서야 알게 되었다. 초입에 세워진 공주의 동상은 최근에야 관광자원화 하려는 지자체가 의도적으로 만들었는지 계곡의 자연미와는 영 어울리지 않는 모양새를 취하고 있었다. 이런 억지스러움으로라도 무언가 볼거리를 만들어 내려는 지자체의 노력이 눈물겹다.

청평사의 공주설화는 생뚱맞게도 당나라 공주의 이야기였다. 당나라 태종의 딸 평양공주를 사랑한 청년이 있었다. 이를 마땅치 않게 여긴 당 태종이 청년을 죽이자 청년은 상사뱀으로 환생하여 공주의 몸에 붙어살았다. 당나라 공주는 뱀을 떼어 내려고 갖은 방법을 써보았지만 허사였다. 공주의 몸은 바짝 바짝 말라갔다. 공주는 궁궐에서 나와 이리저리 방황을 하다가 청평사에 이르게 되었다.

공주는 굴에서 하룻밤을 자고 폭포가 쏟아지는 물에서 몸을 깨끗이 씻고, 스님의 옷인 가사를 만들어 올렸다. 그 공덕으로 상사뱀은 공주와 인연을 끊고 해탈하였다. 공주는 당나라 황제에게 이 사실을 알려서 청평사를 고쳐 짓고 탑을 건립하였다고 한다. 이때 세운 탑을 공주탑이라 하고, 공주가 목욕한 탕을 공주탕이라 하며, 상사뱀이 윤회를 벗어

난 곳을 회전문이라 부르게 되었다.

당 태종은 이때 금 세 덩이를 주어 한 덩이는 공주가 살아가는 동안 쓰게 하고, 한 덩이는 절을 고쳐 짓는데 쓰도록 하였다. 나머지 한 덩이는 청평사 어딘가에 묻혀 있다고 전해지고 있다. 오늘 나와 내 친구는 이 맑디맑은 구성폭포에 목욕 재개하고 공주처럼 빌고 빌며 경내를 돌다 보면 어느 곳인가에 번쩍이는 황금 덩이 하나가 눈에 들어올지도 모른다는 삿된 기대감을 몰래 감추고 조심스럽게 경내를 돌아보았다. 경내를 돌아 오른쪽에 이르니 법당 안에는 수많은 나한상이 눈을 부릅뜨고 우리를 내려다본다. 나한들에게 숨겨진 내 마음을 들킨 것 같아 화들짝 놀랐다.

공주탑이라 불리는 석탑은 외진 곳에 위치해 있었다. 오르막을 막 돌아서려는 순간 검정색 운동화 한 켤레가 가지런히 놓여있다. 깜짝 놀라 낭떠러지 밑을 내려다봤다. 그곳은 구송폭포로 공주굴 앞이어서 이미 우리가 지나온 터여서 혹시 하는 마음에 떨리는 가슴을 진정시켜야만 했다. 다행스럽게도 사람이 떨어진 흔적은 없으니 아마도 지금 무슨 사단이 났던 것은 아니었다. 무슨 사단이 났었다면 혹시 금덩이를 보았을까? 아니면 떠났던 상사뱀이 현신이 돌아와 공주 굴을 향해 몸을 날렸을까? 하는 갖은 상상을 하며, 공주탑이 있는 곳에 밧줄을 잡고 간신히 올랐다. 공주와 인연을 끊고 상사뱀이 해탈한 곳이 정말 여기일까? 이곳에서 해탈하였을까? 하는 의문을 품게 하는 아름다운 곳이었다. 그곳은 겹겹이 병풍처럼 둘러쳐진 산 능선과의 어우러짐이 멋진 풍광을 담고 있다. 어쩌면 상사뱀은 공주의 정성에 감복하여 떠난 것이 아니라 이 절경에 감복하여 그 절경 속으로 떠났는지도 모를 일이다. 공주의 몸을 감고 한 몸이 되어 이루려던 구속된 사랑보다 그 설경 속으로 훨훨 날아올라 공주에게도 그 자신에게도 자유스러운 사랑을 완성하기 위해 그 길을 택하였는지도 모를 일이다.

평양공주와 상사뱀이 사랑의 화신을 담은 계곡의 저 동상은 누가 만들었는지 모르겠지만 그 모양새가 독특하다. 공주라 하면 대개의 경우 여리고 아릿한 모습을 하였을 터인데 동상 속의 그녀는 마치 건장한 미소년의 모습이다. 하긴 애초에 공주는 그런 모습을 하고 있었는지도 모른다. 그 먼 길을 걸어 청평사에 이르려면 그런 모습이어야 할 게 아닌가? 그런 상상을 하며 동상을 만들었음인가?

당나라 평양공주는 오늘도 이 먼 타국 땅에서 상사뱀을 지극하고 그윽한 표정으로 응시하며 뭇 사람들에게 그들의 사랑을 전하고 있다.

(2014. 6. 20.)

내 안으로의 여행

인생은 어쩌면 새로운 여행의 연속일지도 모른다.

영화 라이드의 억척 엄마 재키가 아들의 방황을 보고서야

뉴요커로서의 인생을 종결하고

진정한 삶의 여행을 선택하였듯이

내 인생 또한 이와 같음일 것이다.

탑의 기원(起源)

영화 '인터스텔라'의 첫 장면은 지구의 종말을 향한다. 황폐한 농토는 작물이 자라지 못하며, 사람이 더 이상 살지 못할 만큼 척박해진 땅에 심어진 옥수수는 모래바람과 황사가 뒤덮는다. 과학의 발전이 강대국의 경쟁과 장난으로 인해 예산낭비로 귀결 되고 오직 인류의 식량조달을 위해 농부가 되는 것만이 유일한 직업군으로 자리 잡은 모습을 보여준다. 영화 속 주인공은 그 척박한 지구에 살고 있는 가족과 인류를 구하기 위하여 두 남매를 지구에 남겨둔 채 인류가 살 만한 다른 행성을 찾아 떠난다. 영화 속처럼 황량한 지구가 미래의 우리를 기다린다고는 상상하고 싶지 않지만 그런 날이 온다면 우리는 어떨까?

그 영화 속 황량한 풍경은 카라코람하이웨이를 떠올리게 한다. 세계에서 가장 높은 도로라는 카라코람 하이웨이[8]에는 중국과 파키스탄을 연

〈낭가파르바트 가는 길〉

결하는 도로이다. 카라코람 하이웨이의 험준한 길을 달려 늦가을 황량한 모래바람이 불어오는 곳을 지나면 어김없이 노란색과 붉은색의 단풍이 설산과 어우러진 멋진 모습의 산허리가 신기루처럼 나타난다. 그곳은 이곳 사람들이 살아가는 생활터전인 훈자마을이다. 땔감을 지고 가는 아낙네와, 소나 염소를 몰고 가는 아이들, 아침, 저녁으로 피어오르는 굴뚝 연기가 그들이 살아가고 있음을 보여준다. 마치 50여 년 전 우리가 살았던 것처럼 신기루 속 이 마을 사람들도 마소를 기르고 사과를 따며,

8) 그 길이는 중국 신장의 카슈카르에서 카라코람산맥의 험준한 고산지대를 가로질러 파키스탄의 길기트 발티스탄 지역까지 연결하는 1300㎞에 이른다. 그 험준한 산맥을 가로지르는 길은 아래로는 인더스 강의 깊은 계곡 100여 미터의 낭떠러지를 옆에 끼고, 위로는 황폐함이 극에 달해 나무라고는 찾아 볼 수조차 없는 높은 산에 위태 하게 메 달려 있는 바위 덩어리를 안고 있는 험준한 산을 낀다. 혜초스님과 현장법사의 행로이기도 한다.

지천인 살구나무 열매를 말려 식량을 마련하다. 11월인 지금 이곳은 늦가을 풍경 속에 묻혀 그네들이 분주한 손놀림으로 세계에서 가장 높은 산 아래 마을의 겨우살이 준비에 한창이다. 아마도 '인터스텔라'의 영화 속 주인공이 지구로 돌아와 새로운 삶을 가족들과 함께 준비한다면 바로 이런 마을일 것이리라.

훈자마을 다음 행선지인 스카르두로 가는 길은 꼬불꼬불 험준한 길이였다. 낙석이 머리 위로 떨어질 것만 같은 그 길을 되돌아 수백 킬로를 가야 한다. 천년도 전에 해초스님과 삼장법사가 다녀갔던 길이니 그 험준하고 막막함이 짐작하고도 남는다. 차가 겨우 교차할 수 있는 곳이 간간이 있긴 하지만 차량 한 대가 가면 딱 알맞을 그 길은 비포장도로와 다 망가진 포장도로를 달리는 것이니 고작해야 오육십 킬로의 속력이 최고이다. 마침 가는 날이 장날이라고 그날이 IS의 피의 축제 전날이란다. 말로만 듣던 이슬람의 문젯거리 IS의 중심에 서게 된 것이다. 가이드는 그것을 피하려면 일찍 떠나야 한다며 새벽 3시에 길을 나섰다. 덜컹 거리는 길을 달려 위험 지역을 막 벗어나려는데 초소에서 문제를 삼는다. 경비대 본부에서 통행증을 받아 오란다. 이곳은 마을과 마을을 벗어나는 곳에서도 사진까지 찍으며 외국인을 관리하니 어쩌겠는가? 경비대 지휘본부로 되돌아가 허가를 받고 오니 또 안 된다 한다. 단체인데 개인으로 받았다는 모양이다. 다시 돌아가는데 이번엔 초소장이 대동한다. 단어 하나 때문에 다시 지휘본부에서 허가를 받아야 한다며, 우리 차에 총까지 메고 오른 경찰은 얼마동안이나 목욕을 안했는지 고약한 냄새까지 대동한다. 그러는 동안 시간이 지체 되었는지 다음 초소에서 우리는 길이 막혀 버렸다. 여섯시 전에 통과했어야 할 곳을 일곱 시가 지나 버렸으니 우리의 안전을 위해 통과 시킬 수 없단다. 여덟 시간 후에 다시 오라는 말과 함께 경찰도 차에서 내리고 우리는 길가에 버려져 오도 가도 못하는 신세가 되고 말았다. 고민 끝에 오던 길에 보았던 낭가파르밧 설산이 보이는 벌판으로 다시 되돌아갔다.

그곳은 마치 영화 '인터스텔라'에서 주인공이 인류를 구하기 위해 떠난 우주의 어느 황량한 어느 별처럼 보였다. 낭가파르밧[9]의 설산이 보이는 것 이외에는 바위와 가파르고 황량한 산, 메마른 흙, 그리고 사막에 피는 꽃인지 풀인지 알 수 없는 약간의 식물만이 있는 곳이다. 무려 여덟 시간을 길바닥에서 보내야 하는 우리는 다행히 카메라라는 무기를 갖고 있으니 다시 카메라를 들고 그 황량한 들판을 누비기 시작한다. 저마다 무엇을 찍는지 서로 보이지 않을 때까지 갔다가 돌아오기를 반복한다. 아마도 사진 찍기에 열중하여 무작정 가다 혼자가 되면 낯 설음과 무서

9) 낭가파르바트는 산스크리트어로 '벌거숭이산'이란 뜻이고, 별칭은 디아미르인데 이는 '산의 왕'이라는 뜻이다. 높이 8,125m이며 전 세계 8000m급 고봉 14좌 가운데 9번째 높은 봉우리이다. 산세는 웅대하고 험준한 모습으로 등반사상(登攀史上) 잘 알려진 산의 하나다. 산괴(山塊)는 편마암체(片麻岩體)로 구성되었다. 서쪽에는 디아미르 계곡에서 이어지는 디아미르 벽이 있다. 남동벽(南東壁)인 루팔 벽은 수직으로 4,500m나 깎아지른 절벽을 이루고 있는데 첫 등정(登頂)에 성공할 때까지 7회에 걸친 시도 중 31명의 희생자를 냈다. 낭가파르바트는 한때는 '마(魔)의 산'이라고도 하였다. 최초로 등산을 시도한 것은 1895년 영국의 AF 머머리였으나, 빙하와 눈사태로 조난당했으며, 1953년 독일·오스트리아의 등반대원 헤르만 불이 첫 등정에 성공하였다. 한국에서는 1992년 6월 박희택·김주현·송재득이 최초로 등정에 성공하였다. 위치는 파키스탄의 북부 편잡히말라야에 위치해 있다. 출처:www.naver.com

움에 발길을 돌리곤 하였을 것이다. 나라고 다르겠는가? 무작정 가다보니 사람들도, 자동차도 보이지 않을 만큼 멀어졌다. 갑자기 눈앞에 검은색의 IS 깃발이 펄럭인다. 모골이 송연해짐을 참으며 가까이 가보았다. 버려진 장갑, 양말, 수건, 모자 등이 보인다. 등에서 식은땀이 나는 것 같다. 뉴스에서 보았던 처형장면이 오버랩 된다. 돌아서서 무작정 뛰었다. 한참을 가니 자동차가 보이고 일행들도 보인다. 그제야 안도의 한숨이 몰아쳐 나왔다. 혼잣말로 큰일 날 짓 하는구먼 하며 내 머리를 쥐어박았다.

돌아와 보니 박 선생님이 돌탑을 쌓고 있었다. 그러고 보니 그 먼 길을 다니면서도 돌이 지천인 그곳에 돌탑이 없었다는 생각이 들었다. 같이 거들었다. 길 위에 갇혀 남는 게 시간인 상황이니 그 또한 재미이다. 다른 이들도 자기만의 탑을 쌓기 시작한다. 마치 경쟁이라도 하듯 정성이다. 서로 자기 탑이 멋있다며 자랑이다. 탑을 쌓은 자리에서 우리는 호텔에서 준비해 온 도시락을 먹었다. 도시락을 준비하지 않았다면 이 황량한 벌판에서 꼼짝없이 굶을 뻔한 것이다. 선경지명이 있다며 가이드를 칭찬했다.

며칠 동안 추웠던 날씨가 조금 풀린 듯하다. 자동차 통행은 모두 막혀 있다. 그래서인지 아침나절의 긴장감은 온데간데없어지고 길은 우리들 차지가 되었다. 길바닥에 자리를 깔았다. 가지고 있는 머플러와 기사 아저씨의 망토가 돗자리가 되어 길에 드러누우니 드넓은 하늘이 지붕이 되어 오수를 즐겼다.

그렇게 여덟 시간을 채운 우리는 다시 길을 나섰다. 가는 길은 아직도 덜 뚫려 기다림의 연속이다. 구급차까지 불러놓고 축제인지, 사고인지를 치루는 그네들이 몸에는 채찍으로 맞은 자국이 선명하고 눈에 핏발이 서있다. 경찰이 동행하여 조금은 안심이 되긴 하지만 두근거리는 가슴을 누르며 장장 18시간을 길에서 보내고 스카르두에 도착했다.

훈자의 황량한 아름다움이 오밀조밀하고 순박하다면 스카르두는 크고 거칠다. 설산과 빙하, 영화 '인디아나존스의 다리', 옛 왕궁이었다던 고성이 호텔이 되어 우리를 맞았다. 영국의 지배를 받아서인지 유럽풍의 오래된 호텔은 영화 속 한 장면으로 들어 온 것 같다. 스카르두의 여행을 마치고 떠나 던 날 우리는 모두 그 탑이 궁금해졌다. 가는 길이니 다시 한 개의 탑을 더 쌓자며 중론이 모아졌다.

우리는 일찍 서둘러 그곳으로 갔다. 세 개의 탑은 여전히 우리를 기다리고 있었다. 누구랄 것도 없이 차에서 내려 탑을 쌓기 시작했다. 크게 쌓았다. 카라코람 하이웨이의 황량한 산과 들판을 보며 50여 년 전 우리가 그랬던 것처럼 이곳 사람들도 산에 나무를 심고 송충이를 잡으며 이 땅을 가꾸어 간다면 50여 년 후에는 푸르른 산과 강이 어우러져 멋지고 풍요해질 것이다.

이 탑을 쌓으며 우리가 기원 하듯 이곳 사람들도 이곳을 지나치며 하나 둘 탑을 쌓다 보면 이곳 또한 탑과 나무, 식물들이 자라는 비옥한 땅이 되어 있을지 어찌 알겠는가. 그렇게 된다면 영화 '인터스텔라'의 설정처럼 지구는 메마르지 않을 것이고, 영화 속 주인공처럼 인류가 살 행성을 찾아 나설 이유도 없어질 것이다. 그런 마음으로 우리는 그 곳에 또 하나의 탑을 쌓아 이 곳 사람들이 풍요해지기를 바라는 마음으로 탑을 향해 기원을 세웠다.

영화 '인터스텔라'는 양자물리학과 상대성이론이라는 과학적 사실을 동원하며 지구를 구하려 하지만, 결국 지구를 구한 것은 '사랑'이라는 시공간을 초월한 인간의 풀 수 없는 감정이라고 말한다. 3차원의 공간에서 벗어나 과거도, 현재도, 미래도 한 공간에 있게 되는 것으로, 사랑이라는 감정이 수 천 킬로미터 떨어진 곳으로 전달되어 인류가 구원받았음을 이야기 한다. 이 영화 속 내용처럼 세계의 고민덩어리가 된 IS의 대립이 있는 이 땅에도 수 천 년 전 마호멧의 두 아들이 시·공간을 초월한 형제애로 서로 화해할 수 있다면, 오늘 이탑을 세우며 그러한 사랑이 실현되기를 기원(祈願)해 본다. 우리가 쌓은 이 탑들 또한 그 곳의 탑의 기원(起源)이 되어 세계의 모든 인류가, 종교가 화합하고 사랑하며, 오직 행복한 미래를 위해 소통하기를 기원한다. 그리고 이곳을 지나는 이들이 기원(祈願)이 담긴 새로운 탑이 모이고 모여 '사랑'이라는 거대한 탑이 무수히 세워지기를 기원해 본다.

치유의 숲길

사려니 숲길의 어원은 신령스런 길이란 뜻이다. 지금은 길이 평탄하고 잘 조성되어 있어서 남녀노소 누구나 찾을 수 있게 되어 있다. 각양각색의 나무들로 사계절 모두 그 품새를 자랑할 만하여 어느 때에 찾아와도 매력적인 길이다. 예전 같으면 숲이 울창하고 길이 험하여 제주도 사람들이 곶(산의 천연림을 가리키는 제주도 사투리)이라 하여 찾지 않았겠지만, 누군가 애절함을 담아 소원을 빌자면 굳이 이런 곳을 찾아 산신령께 기도를 했음직한 길이나. 그래서 신령스런 길이 되었는지는 알 수 없지만 어찌 되었든 지금은 그 신령스런 길 이 사려니 숲길이 되어 힐링과 치유의 숲으로 거듭나 있다.

지난 주말에는 해마다 열리는 제주 중앙고(구 제주상고) 22회 총동창회 정기총회가 있었다. 예년에는 이런저런 핑계를 끌어다 붙이며 불참 했던 행사이다. 이번에는 서울에서 특별히 가깝게 지내는 친구가 총무를 맡았으니 낯을 세워주어야 해서 가주기로 했다. 모처럼 제주 나들이도 할 겸 친구들에게 바람을 넣었다. 총회도 참석하고 간 김에 미국에서 돌아와 있는 친구네 가서 놀기도 좀 하자며 꼬였다. 나처럼 동네방네 쏘다니는 이들도 아닌데 웬일인지 그녀들이 선뜻 나섰다. 막판에 친구 아들이 일요일에 장가간다고 연락 오는 바람에 3박 4일이 2박으로 줄어 버려서 바람만 잡고 빠진다고 구박을 좀 받았지만 다 같이 하는 출행길이 항상 만만치 않던 제주행은 성사되었다.

어쨌든 그렇게 길을 나선 우리 다섯은 50평형대의 낡은 연립주택을 사서 찾아오는 친구들을 위해 게스트룸까지 만들어 놓은 친구네로 모두 가서 6명이 되었다. 사실 제주도민들은 국내 최고의 관광지에 산다는 이유로 겪는 불편함이 한두 가지가 아니다.

육지에 사는 친구들의 관광안내는 물론 가끔 나 같은 염치없는 친구가 차를 좀 빌리자면 꼼짝없이 내어 놓아야 하고, 관광시즌에는 방을 못 구했다고 하면 안방까지 내 놓는 경우도 허다하다. 아들 친구, 딸 친구, 직장동료 등 이런저런 관계로 알게 된 지인들의 부탁을 거절했다간 좁은 동네에서 야박하다 소리 들을 것 같아 울며 겨자 먹기로 내어 놓는 경우도 허다하다는 지인들의 고충을 들은 적이 있다. 서울에 있는 나에게 까지 제주에 가면 신세 좀 질 수 있냐는 이들도 있으니 말해 무엇하겠는가. 육지에 있는 우리야 한 번 부탁하는 것이지만 인구가 70여만 밖에 되지 않는 제주인 들의 입장에서는 그야말로 죽을 맛이다. 그래도

〈사려니 숲길에서〉

요즘은 펜션도 많이 생기고 육지 사람들도 많이 이해하는 편이어서 조금 나아졌다고 하니 그나마 다행이다.

우리가 오늘 신세 지게 된 친구는 미국 등 외국에 나가서 일도하고 봉사도 하는 국제파다. 그야말로 동에 번쩍 서에 번쩍 하는 친구라 자주 볼 수 없는 친구이다. 몇 달 후에 다시 미국으로 한의학 공부하러 간다며 자기 집을 내어 놓은 참이다. 우리들에게는 항상 제일 편안하게 반겨주는 친구이다.

공무원이었던 이 친구는 몇 해 전에 홀연히 미국으로 가더니 일리노이 주립대학에서 석사과정을 일 년 만에 마치고 돌아왔다. 일 년 동안 공부만 하고 지냈는지 하얗게 된 머리가 등허리까지 내려와 마치 산신령처럼 보일 정도였다. 그 모습을 본 그녀의 동생이 언니를 데리고 가장 먼저 간 곳은 아마도 미장원이었을 것이다. 품성이 털털하고 강직한 편인 그녀는 오늘 우리가 묵을 집도 몇 개월에 걸쳐 손수 수리한 친구이다. 20여 년 쯤 된 낡은 집을 사서 벽에는 황토 페인트를 바르고 바닥은 황토를 손수 발라 그야말로 친환경 하우스로 만드는데 수개월 동안 공을 들였다고 한다. 돈도 아깝고 일도 그만 둔 터라 자기 집을 손수 꾸며 볼 요량으로 시작하였던 일이 일 년 가까이 공을 들였다 하니 나 같은 약골은 상상 할 수 도 없는 일이다.

집수리에 대한 그녀의 지식이라고는 고작해야 건설업계에서 근무하여 조금 아는 척을 하는 나에게 묻는 것이 고작이다. 그녀가 그렇게 무작정 시작해서 완성된 집은 놀랍게도 인테리어 전문가가 수리한 집보다 훨씬 멋있었다. 남정네 같은 성품일 것 같은 그녀가 꾸민 집은 따뜻한 황토색의 어우러짐이 그럴싸한 분위기를 연출하고 있었다. 방과 거실은 안락하고 다감한 분위기였다. 주방은 의외로 여성미 물씬 나는 모습으로 정돈되어 있어서 그녀의 살림솜씨를 처음 접하는 우리는 이구동성으로 의외라는 듯이 눈을 마주쳤다. 기실 오늘 우리가 단체로 그 집에 집들이를 하는 셈이다. 몇 달 후에 미국으로 가면 한 3년은 다시 볼 수 없으니 그동안 못 다한 회포를 풀기에 안성맞춤인 시간을 잡은 셈이다.

두 번째 날 우리가 함께 가기로 한 곳은 사려니 숲길이다. 겨울 등반은 한라산이 제격인줄 알지만 중년을 넘어서고 보니 다리 관절이 좋지 않아 포기하고 사려니 숲길을 택했다.

사려니 숲길은 비자림로의 봉개동 구간에서 제주시 조천읍 교래리의 물찻 오름을 지나 서귀포시 남원읍 한남리의 사려니 오름까지 이어지는 길이다. 물찻 오름은 지금은 동절기이고 자연보호 차원에서 통제되고 있어 가보고 싶어도 못 간다하니 아쉬운 마음을 뒤로하였다.

하얀 눈이 쌓여있는 숲길 양쪽을 따라 졸참나무, 서어나무, 때죽나무, 산딸나무, 편백나무, 삼나무 등 다양한 수종이 자라는 울창한 자연림이 넓게 펼쳐져 있다. 이곳에는 제주족제비를 비롯한 포유류, 팔색조와 참매를 비롯한 조류, 쇠살모사를 비롯한 파충류 등 다양한 동물도 서식하고 있다.

나이 들어 보인다며 사진 찍기를 꺼리던 그 친구들에게 몇 년 후에 내 앨범처럼 멋지게 하나씩 만들어 준다고 한 뒤로는, 사진 찍자면 앞다투어 얼굴을 들이밀게 되었다. 혼자 빙그레 웃으며 셔터를 눌렀다. 내 앨범이 그녀들에겐 쥐약(?)이 된 셈이다. 카메라를 바닥에다 누이고 여섯 명이 함께 단체사진도 찍었다.

깔깔거리며 웃고 또 이런저런 얘기로 꽃을 피웠다. 60고개를 바라보게 된 친구들의 과거지사가 한바탕 쏟아져 나오다보니 어느새 10킬로미터가 넘는 길을 걸어 출구에 닿았다. 친구 남편이 대기하고 있다가 자동차로 예약해 놓은 식당으로 가서 맛난 점심으로 고픈 배를 채우고 나니 세상이 모두 우리 것이 된듯하다.

이런 숲길은 우리의 모든 것을 치유하게 해준다. 눈 쌓인 길을 도란도란, 사박사박 비단길 걷는 듯이 가볍게 걸어가며, 마음 맞는 벗들과 더

불어 지난날 이야기로 시간가는 줄도, 지치는 줄도 모르고 걸을 수 있는 곳, 세상의 어느 명의가 이런 숲길에서 우리가 보낸 시간, 보내야 할 시간들처럼 완벽하게 치유할 수 있을까? 우리는 이곳에서 내일을 위한 행복한 에너지를 한바구니 가득 담아 두었다. (2014. 1. 26.)

내 안으로의 여행

1978년 10월 비행기는 푸른 하늘을 가르고 김포공항에 도착했다. 프로펠러 돌아가는 소리가 유난히 커서였는지 내 가슴은 연신 콩닥거렸다. 어쩌면 새로운 도시에서의 생활에 대한 기대감이나 두려움, 설렘 때문인지도 모른다.

내 소지품을 가득 실은 택시가 광화문 광장을 지났다. 중앙청 앞을 돌아서 다시 되돌아가더니 목적지에 도착했다. 이상했다. 초행길이었지만 지나간 곳을 다시 돌아서 그곳에 도착했음이 분명함을 감지했다. 기사에게는 아무 말도 못하고 지인에게 "눈감으면 코 베어간다"는 속담을 실감했다며 불평을 늘어놓자 서울은 신호등 때문에 그럴 수밖에 없다는 설명이다. 이해하는데 여러 날이 걸렸다. 그때만 해도 제주도에는 신호등이 없어 책이나 영화에서나 보는 상황이었으니 이해할 수 없음은 당연한 일이다.

그 광화문은 아직도 별반 다르지 않은 모습으로 나를 반긴다. 조그맣고 조용한 영화관, 대도시의 번잡스러움을 피하고 싶은 날에 찾는 곳이다. 오늘의 영화 '라이드(Ride)'는 새삼스러운 모습으로 나에게 다가왔다. 일중독 엄마 뉴요커 재키와 작가지망생 아들 안젤로가 겪는 갈등을 다룬다. 다 성장해 버린 아들은 엄마의 간섭이 싫다며 자퇴를 하고 LA로 떠나 버린다. 윈드서핑을 좋아하는 아들을 설득하기 위해 그녀도 윈드서핑을 시작한다. 윈드서핑을 못할 거라는 아들의 무시에 분개해서이다. 그러는 사이 그녀는 직장에서 해고당하고, 갈등을 해결하고자 시작한 그곳에서의 생활에서 새로운 여행이 시작됨을 예감한다.

인생은 어쩌면 새로운 여행의 연속일지도 모른다. 영화 라이드의 억척 엄마 재키가 아들의 방황을 보고서야 뉴요커로서의 인생을 종결하고 진정한 삶의 여행을 선택하였듯이 내 인생 또한 이와 같음일 것이다.

광화문의 어느 고풍스런 한옥집, 그 가을 아침 마당에는 노란 은행잎이 무수히 깔렸었다. 그 소박하고 아름다운 마당이 있는 곳에서 서울 생활의 첫 날은 시작되었다. 내 인생의 새로운 여행의 시작이었다. 물론 얼마 지나지 않아 조그맣고 볼품없는 한옥의 하숙집으로 옮겨가긴 하였지만 아직도 그 아침의 마당 풍경은 한 폭의 그림이 되어 남아있다.

처음 가보는 종로거리는 지하철 공사가 한창이던 때라 번잡하였지만 골목, 골목에는 낭만과 청춘의 물결이 넘쳐났다. 낮이면 직장인으로, 밤이면 학생으로 그렇게 시작된 생활에는 분초를 다투는 긴장감 속에서도

활기가 넘치고 꿈이 자라는 시절이었다. 휴일이면 종로2가의 르네상스 음악 감상실에서 잘 알지도 못하는 클래식 선율에 젖어도 보고, 여느 때는 코스모스코러스로, 오비스 케빈으로 꿈과 낭만을 헌팅 했다고 하면 과한 표현일까? 그러나 감성 보다는 이성을 자극해야 하는 현실에 안주하며 삼십 수 년 동안 영화 속 재키의 뉴요커와 같이 살아 갈 수밖에 없었던 시간들 또한 인생 여정의 한 단면일 수밖에 없음이다.

그러나 인생은 항상 새로움에 직면하며 스스로를 변화시키며 살아가는 것인가 보다. 어느 날 영어의 몸의 된 지인의 무료함을 달래주기 위해 보내기 시작한 편지가 글이 되어가고 있음을 후에 알았다. 누구나 소녀시절 한 번쯤 가졌던 꿈, 작가가 된 자신을 꿈꿔 보지 않은 사람이 몇이나 될까? 그 꿈이 현실이 되어가고 있음을 나도 알지 못하였던 것 같다. 일주일에 한 번씩 보내는 그 편지를 받은 지인이 글이 좋아지고 있다는 칭찬에 겁 없이 나선 글공부가 나를 일으켜 세웠다.

지금도 생각난다. 수필이 무엇인지조차 잘 모

르던 내가 지인에게 쓴 편지를 읽으며 나도 모르게 흐느끼던 모습, 그것은 내가 경험한 최고의 순간이었다. 물론 아무런 형식도 갖추지 못한 원고지 사오매 정도의 그 편지는 그저 일상을 담담히 적어 보내는 편지에 불과했지만 내가 쓴 글을 읽으며 나도 모르게 주체할 수 없는 감흥을 느끼게 하는 순간이었다.

문우들과의 글공부가 시작되었다. 서툴고 어설픈 글이 쓰여 지기 시작하면서 내 가슴속에는 알 수 없는 파문이 일기 시작했다. 살아가는 동안 겪었던 소중한 추억을 이야기하고, 남몰래 숨겨 놓았던 비밀들을 조금씩 조금씩 꺼내보기 시작하는 나를 느낀다. 어린 시절의 소중한 추억도, 아프고 고달픈 기억도, 화려하고 폼 나는 시절의 기억들도 모두 글이 되어 나오는 순간 아름다운 영상이 된다.

영화 라이드에서 윈드서핑은 바람을 안은 거친 파도의 깊이만큼 더 흥미로움을 보여 준다. 인생의 깊이도 그러하리라. 파도를 안은 뉴요커 재키는 아름다운 비취빛 해변에서 아들과 함께 "나에게로의 여행[10]"을 시작하며 영화는 막을 내린다.

나도 이들처럼 다시 시작할 것이다, 글쓰기와 함께. 그동안 방치해 두었던 내 안의 것들과 함께 내 안으로의 여행을 시작할 것이다. 내 안으로의 여행에서 찾은 나와 함께 세상 밖 새로운 여행도 다시 시작할 것이다.

(2015. 8. 2.)

---

10) 영화 'Ride'의 부제

그 섬 전설을 품다

초등학교 때 일이다. 무더운 여름이면 세숫대야에 빨래 몇 가지 주워 넣고 30분은 족히 걸리는 삼양해수욕장으로 달려간다. 지금은 제주의 삼다수가 우리나라 생수시장을 장악하다시피하고 있지만 당시만 해도 지하수가 개발되지 않아 왕복 한 시간 쯤 걸리는 삼양해수욕장으로 가서 식수를 길어 오고 빨래를 하였었다.

그곳의 물은 화산섬 특유의 용천수가 바다로 흘러나온 것을 막아 식수와 목욕탕으로 사용하였다. 사실 빨래는 핑계이고 그 더운 여름 시원하게 솟아 오른 용천수에 멱을 감는 것이 주목적이다. 남탕, 여탕으로 나뉜 가두리 탕 안에서 한참 멱을 감고 나면, 너무 추워 입술이 새파래질 정도이니 그 시원함은 이루 말할 수 없었다. 새파래진 입술은 뜨거운 태양을 받아 달궈진 바위에 벌러덩 드러누우면 금세 없어지니 그 맛을 어찌 잊을 수 있겠는가? 설화 속의 설문대 할머니도 그 시원함의 깊이를 알고 싶은 마음을 주체할 길이 없어 물장우리로 걸어 들어가 돌아가셨는지 모를 일이다.

지중해의 뜨거운 태양을 받은 산토리니섬에는 하얀 집과 푸른 지붕, 쪽빛 바다와 비취빛 하늘 그리고 마당에 예쁘게 만들어 놓은 조그만 수영장이 있다. 그 수영장은 위대한 전설을 품은 산토리니섬의 특별한 이벤트 인양 그 모습이 당당하여 예의 그 시원한 가두리 수영장을 떠 올리기에 충분하다.

지금부터 1만2천 년 전의 일이다. 그리스인이 '헤라클레스의 기둥'이라 부르던 지브롤터 해협 저편에 '아틀란티스'라는 이름의 섬이 있었다. 섬이라고는 하지만 그 땅은 소아시아와 북아프리카를 합쳐놓은 것처럼 광대하였으며, 강대하고 견고한 제국이 이 땅을 통치하고 있었다. 주변의 많은 섬들이나 바다 저편에 있는 대륙의 대부분을 지배하고 있었고, 지브롤터 해협 이쪽으로도 많은 지역을 지배하고 있었다. 아틀란티스는 원래 천연자원이 풍부하였고, 교역에 능하여 도시와 항구에는 부가 넘쳤으며 수도 또한 번영을 이루었다. 그런데 갑작스러운 대지진과 대홍수로 인해 아틀란티스 섬은 하루 낮밤 사이에 사람들과 토지가 모두 바다 속으로 사라져버리고 말았다고 한다. 세계 최고의 베스트셀러라고 하는 그리스 로마 신화 속 이야기이다.

산토리니는 이 설화를 품은 섬이라고 한다.[11]. 최근 유럽인들의 가장

가보고 싶은 섬으로 꼽힌다. 기원전 1680년경 일어난 화산분출로 생긴 높은 절벽이 있는 분화구로 형성된 섬이다. 바다는 커다란 호수처럼 형성되어 있고 파도가 없어 마치 호수처럼 잔잔한 모습으로 짙푸른 쪽빛이다.

그러나 신의 노여움 탓일까? 설화 속의 풍요와 웅장함은 모두 사라지고 섬은 빈약하기 그지없다. 바다 밑은 바위가 많아 해초가 자라지 못하므로 물고기가 살지 않아 어장이 빈약하다. 검거나 붉은 색의 화산암으로 이루어진 섬은 나무가 잘 자랄 수 없어 나무가 별로 없다. 산과 들은 메마른 잡풀과 바위만이 무성하다. 깎아지른 절벽 밑은 바다로 내려가는 길을 허락하지 않았음은 물론이고 그 흔한 모래사장조차 없으니 제주의 해변처럼 멋진 해수욕장을 기대하긴 애당초 글렀다.

이런 섬에 그리스인들은 절벽 위에 다닥다닥 붙여서 하얀 집과 파란색 교회 지붕으로 지중해의 푸른 바다와 어우러진 관광지를 만들었다. 몇 년 전까지 집을 지을 때는 하얀 집과 푸른색의 교회 지붕으로 도색하도록 법으로 정하여 그들만의 독특한 볼거리를 만들어 놓은 것이다. 생산물이라고는 땅 바닥에 납작 엎드려 자라는 종류의 포도나무 열매로 와인을 만들고, 수령이 천년이라는 올리브나무가 있을 뿐이다. 올리브나무도 본토에는 수없이 많았지만 산토리니에는 명맥만 유지 하고 있는 듯 보였다. 한 여름 뙤약볕을 가릴 나무조차 별반 없이 드라마틱하게 형성된 화산지형의 절벽 가장자리에 백색의 건물을 마치 레고 블록을 쌓

11) www.naver.com, 2014년 6월 4일자 검색.

아 놓은 듯 집을 지어 놓은 모습이 예술적 풍경을 품고 있다.

절벽 위에 다닥다닥 붙어 있는 하얀 집과 파란색의 교회지붕은 지중해의 푸른 바다와 어우러져 독특한 아름다움을 자아낸다. 윗집 테라스는 아랫집의 지붕이 되고 아랫집 지붕은 윗집의 마당이 되는 어우러짐으로 좁디좁은 골목을 요리저리 연결하여 산토리니 섬의 풍광을 만들어냈다. 바다가 훤히 보이나 지형 탓에 수영을 할 수 없는 점을 보완하여 조그만 마당에는 수영장이 있어 파란 하늘과 맞닿아 있는 바다를 보며 수영을 할 수 있도록 하여 부족함을 채웠다.

오늘의 그리스인들은 신화를 먹고 산다. 제조업을 위한 공장도 없고 생산품도 많지 않아 오직 옛날의 영광만을 상품화하여 관광산업으로 살아가는 것이다. 여기에 산토리니도 한 몫 거들었다. 보잘 것 없어 보이는 땅에 자기들이 살아가는 집을 조그만 붓으로 그림 그리듯 지어 놓아 관광 상품화 하였다. 절벽 위 마을 이아에서는 풍차와 어우러진 화려한 일몰을 보게 하고, 아래의 피라 마을은 아기자기한 상점들이 관광객의 주머니를 열게 한다.

사라져 버린 아틀란티스의 영광은 여기저기 부서진 모습의 신전들로 남겨 놓아 눈으로 보고 옛 영광을 상상하게 한다. 그들은 그곳에서 그들이 자긍심을 끼워 팔며 우월감을 느끼고 있는지도 모른다. 그러니 몇 년 전 발생한 금융위기로 나라가 부도위기 직전이 되었을 때 독일과 프랑스가 난리를 치건 말건 그들은 그때도, 오늘도 여전히 오후 2시가 되면 쉬어야 하는 오랜 습관을 버리지 않고 당당하게 버티고 있다는 생각을 하게 하였다.

산토리니 섬의 마을들은 자동차가 다닐 수 없다. 마을은 나귀나 사람만이 다닐 수 있는 좁은 길로 연결되어 있다. 마을을 걷다가 다리도 아프고 발목도 뻐근해지면 카페에서 차를 마시고 상점에 들러 쇼핑도 하게 한다. 그들만의 상술일까? 아니면 삶의 방식일까? 우리나라 같으면 당연히 자동차가 다닐 수 있게 하는 것은 물론이고 확 밀어 재끼고 주차장부터 만들었을 거리를 그들은 오직 사람만이 걸어서 다니도록 내버려 두었다. 우리의 사고대로라면 참 의아한 일이지만 그들의 삶의 방식은 다른 듯하다. 하긴 내 집 지붕이 윗집 마당이 되는 구조인데 찻길이 왜 필요하단 말인가? 한참을 걷는 동안 이 척박한 섬에 그들이 관광객을 불러들이기 위한 소박하고 특별한 노력이 오늘의 산토리니를 만들어 유럽인들 최고의 휴양지가 되게 하였다는 생각을 하게 한다. 그래도 나는 아직 그 특별함만으로는 무언가 부족함이 채워지지 않는다. 나의 편견일까? 이런 생각의 끝에 문득 제주의 설화가 떠올랐다.

제주도 또한 전설을 품었다. 제주도는 설문대 할망이라는 거대한 여신이 창조했다고 전해온다. 어느 날 여신은 바다 가운데에 제주도를 만들기로 마음먹고 치마폭으로 흙을 날랐다. 그런데 섬을 만들고 보니 너무 밋밋하여 중앙에 한라산을 만들었다. 흙을 나르다 여신의 치맛자락 사이로 조금씩 흘러내린 흙은 지금의 오름이 되었다. 설문대할망이 한라산을 베개 삼아 누우면 다리가 제주시 앞바다 관탈섬에 걸쳐졌다. 한라산을 깔고 앉아 한쪽 다리는 관탈섬에, 다른 한쪽 다리는 마라도를 딛고 우도를 빨래판 삼아서 빨래를 할 정도로 엄청나게 크고 힘이 센 여신이다. 여신은 제주 사람들에게 명주로 속옷을 만들어 주면 육지와 연결하는 다리를 만들어 주겠다고 약속했다. 하지만 여신의 속옷을 만들려면 100동의 명주가 필요했지만 99동 밖에 모으지 못해 속옷은 완성되지 못했고 결국 제주도와 육지를 잇는 다리도 만들지 못했다. 또한 성산포일출봉 꼭대기에 있는 등잔모양의 등경 돌은 여신이 바느질할 때 등잔을 올려놓았던 돌이라고 전해온다. 모험심이 강했던 여신은 제주도 내에 있는 물의 깊이를 시험해 보기를 좋아했는데 한라산 물장우리를 오르는 물이 깊다는 말을 듣고 확인하러 들어갔다가 빠져죽었다고 전해온다[12]. 아틀란티스의 전설에 비하면 참 소박하다. 그래서인지 그 설화는 그저 가끔씩 제주의 한 구석에서 조금씩 잊혀져가며 그 명맥을 유지하고 있을 뿐이다.

그러나 여기에서 우리는 반전 매력이 있음을 알아야 한다. 그 소박하고 보잘 것 없는 설문대 할망의 설화가 남겨놓은 한라산, 빨래판 삼았다던 우도, 치맛자락 사이로 흘러내린 오름, 그리고 풍부한 수목과 산림, 하얗고 드넓게 펼쳐진 하얀 백사장을 품은 해변 풍경들, 어느 것 하나 나무랄 데 없는 모습으로 세계자연유산에 등재되어 최고의 관광지를 만들었다. 산토리니가 화려한 옛 설화를 품었다면, 제주도는 소박한 설화를 품은 대신 자연 그대로의 아름다움으로 오늘을 품고 새로운 설화를 만들어 가고 있는 중이다. 제주도를 고향으로 둔 내가 걱정이 있다면 난

---

12) www.naver.com. 2014년 6월 4일자 검색.

개발이다. 자연과의 어우러짐으로 만들어져야만 할 제주의 풍광을, 고층 빌딩을 짓겠다는 선거공약을 들먹이며 나서는 사람들을 보면 가슴이 철렁하다. 제주의 그들에게 보여주고 싶다. 산토리니를 만든 사람들이 자연과의 어우러짐을 이용한 관광자원을 만들어 가는 방식을 꼭 전해 주고 싶다.

전설을 품은 두 섬은 모두 세계인들이 가고 싶어 하는 관광지이자 휴양지이다. 그러나 관광지를 만들어가는 그 방식은 너무나 다르다. 산토리니는 메마르고 척박해 보이는 땅이지만 그들만의 지형을 이용하여 화려하지 않지만 독특한 아름다움을 지닌 관광자원을 만들어 가고 있다. 제주도는 어떤가? 선거철이 되면 여·야가 모두 나서서 난개발을 탓한다. 이제 그만 내 탓 네 탓 따지지 말고 서로 중지를 모아 천혜의 자연 자원을 보존하고 할 수 있는 최고의 대안을 선택하여 소박한 설문대 할망 설화가 남긴 유산을 세계인들과 함께 공유할 수 있었으면 하는 마음 간절하다.

혹시 아는가. 우리가 제주의 아름다움을 한 마음으로 만들고 있노라면, 설화 속 설문대 할망이 다시 돌아와 모자란 명주 1동을 깨이 주고 다리를 놓아 주는 선심을 쓰실지. (2014. 6. 4.)

낙산사를 다녀와서

템플스테이 두 번째 행선지는 낙산사이다. 낙산사는 신라의 고승 의상대사가 671년에 창건하였다. 아이러니하게도 나무를 심는 날인 2005년 식목일에 양양일대의 대형 산불로 인해 보타전, 홍련암, 원통보전, 사천왕문을 제외한 모든 전각이 소실되었다. 1340년의 역사가 인간의 조그마한 실수 앞에 흔적도 없이 사라져 버린 것이다. 그 이후 단원 김홍도의 낙산사도와 발굴 조사를 근거로 원형에 가깝게 복원되었다 한다. 불이 난 해에 인근까지 갔었을 때 들어가서 불에 탄 모습을 카메라에 담고 싶었지만 동행한 이의 반대로 그냥 지나쳤던 것이 못내 아쉬운 곳이기도 하다.

어느 날 문득 전국의 유명 사찰을 돌아보고 싶은 마음이 생겼다. 어느 사찰이든 풍광 좋은 곳에 위치한 것은 굳이 설명하지 않아도 아는 바이

〈조계문 보일루 〉

니, 사찰투어란 명목으로 전국을 주유하고 싶은 마음이 들었던 것인지도 모른다. 혼자 다녀야 하는 나의 안전을 위한 궁여지책이기도 하고, 불교 신자는 아니지만 가람이 자리한 곳이 주는 매력과 분위기가 마음에 와 닿았다. 지난 10월 첫 번째 방문지인 월정사에서의 느낌이 너무 좋았던 탓이기도 하다. 그리고 일단 무언가를 시작하겠다고 맘먹은 것을 이를 행하지 못하면 마음자리가 불편하여 못 견디는 편이라 하긴 해야겠다는 심정으로 선택한 곳이 낙산사이다. 수차례 가본 곳이기도 하고, 관광객이 많이 찾는 곳이니, 이 겨울에 오가는 길이 안전함과 사찰에서의 신변 안전이 보장될 것임을 알기 때문이다.

아침 7시에 출발한 낙산사 행은 스키시즌인 탓에 차가 밀려 11시가 넘어서야 도착 했다. 낙산사에 들어가긴 이른 시간이라 추억 속의 낙산

해변으로 가보기로 했다.

동해안의 겨울 바다 풍경은 예나 지금이나 마찬가지이다. 옥빛 바다와 텅 빈 해변은 가족 단위 나들이객과 연인들의 모습이 아름답다. 번잡스럽고 뜨거운 열기가 가득한 여름 해변 보다는 겨울 바다를 더 좋아하는 내가 몇 번 가 보았던 곳이라 낯이 익어서인지 새로운 감흥도 일렁임도 크게 와 닿지 않아서 카메라 셔터를 누르는 소리조차 명쾌함을 잃는다.

2시경 탬플스테이 입소 시간에 맞추어 접수처인 인월요에 이르니 핸드폰도 보관해야 하는 등 지난번 월정사보다는 좀 까다롭다. 일단 입소하면 경내에 있어야 한다니 좀 짜증이 났지만 엎어진 김에 쉬어 간다고 핑곗김에 문명생활에서 벗어나 봄도 의미 있는 일일 것 같다는 생각이 들어 짜증을 내려놓았다. 안내하는 거사님과 함께 20여 명의 템플스테이 참여자들은 경내를 한 바퀴 돌았다. 불이 난지가 7년이 지났는데도 아직 화마의 흔적이 이곳저곳에 남아 있다. 그 당시 불에 타지 않았다는 전각인 보타전으로 향하는 길인 보타락 앞에는 화마의 흔적을 고스란히 간직한 채 꿋꿋이 서있는 두 그루의 나무가 눈에 들어온다.

수령이 꽤 되어 보이는 그 나무는 보타전을 지킬 요량이었는지 자신의 양팔을 고스란히 화마에 내어주고도 보타전을 지키는 일이 자신의 일인 양 의연하게 서 있다. 온 몸통을 다 그을린 모습인 체로 10년 가까이 버텨 서 있는 모습이 당당하다. 며칠을 동해 바닷바람을 타고 온 불 바람을 막으며 서있던 산사의 모든 전각들이 불에 타는 동안에도 원통보전에 모셔진 부처의 가피가 마을사람을 보호하려는 강한 열망이 닿았음인지 그 전각 앞에 이르러 불길이 사그라졌다 하니, 그 영험함을 믿어 볼 만하다는 생각이 든다.

템플스테이 행사를 위해 명명 된 '설레임이 있는 길'을 지나 '꿈에 이르는 길'에 이르니 동해바다를 향해 은은한 미소를 머금은 거구의 해수관음상이 우리를 맞이한다. 1340여 년을 이어온 낙산사의 관세음보살의 진신을 친견하려는 불자들의 발길이 끊이지 않는 낙산사는 동해 바다가 한 눈에 내려다보이는 풍광과 해돋이가 아름다워 관동팔경이 하나로 알려져 있다. 푸른 바다와 해돋이가 일품인 의상대를 품에 안은 해수관음상은 그 풍채의 크기만으로도 위풍당당하고 믿음직스러워 보여서인지 기도하는 사람들의 염원을 모두 품은 듯 보였다.

칠층석탑은 의상대사가 처음 이 탑을 세울 때는 3층 이었던 것을 1467년에 7층으로 만들어 낙산사의 보물인 수정염주와 여의보주를 봉안하였다 한다. 신라 천년 고찰인 낙산사에 조선 시대 다층 석탑의 전형적인 특징을 갖고 있는 탑이 있다니 아이러니하기도 하지만 역사는 계속되는 것이니 1000년 전 신라 사람의 염원도, 500년 전 조선 사람의 염원도, 오늘 우리들도, 낙산사를 찾는 불신자는 물론 관광개들이 염원까지도 모두 안았으니 그 품이 크고 깊어 모두를 아우르고 있다는 생각이 들었다.

저녁이다. 스님과의 차담 시간은 이번 여행의 백미였다고 할 수 있다. 처음 참가해 보는 차담 시간은 명상을 하고 차를 나누고 스님과 참가자들과 담소로 이어진다. 대부분의 참석자들이 20대, 30대들이었고 50대는 2, 3명인 듯 했다. 서로 이력을 묻는 절차도 없고 모처럼 세상으로부터 벗어나고 싶은 이들이라 밝히지도 않으니 눈대중으로 짐작하는 게 고작인 상황이었다. 군대에서 군인들에게 불교 포교를 하시던 스님은 비구니 스님인데도 그 품성이 크고 활달해 보이는 분이였다.

명상이 끝나고 차를 나누며 이런 저런 이야기 끝에 내 질문에 의외의 답을 들은 나는 많이 당황스럽고 황당하기까지 하였다. 불신자가 아닌 나의 짧은 식견이 여지없이 철퇴를 맞는 순간이었다. 불교 경전이나 불교에 관한 책에서 많이 보았던 선재동자는 어떤 부처가 되었을까? 하는 의구심이 불현듯 떠올라 질문을 던진 나에게 돌아온 답에 나는 화들짝 놀랐다. 나는 여태껏 불가의 삼천불이 모두 석가모니 부처님처럼 실존 인물들이 깨달음을 얻어 부처가 되었을 것이라고 믿어 의심치 않았다.

그런데 내 질문을 들은 스님은 "그 많은 부처나 보살님 중에 역사적인 인물은 석가모니 부처님 한 분 뿐"이라 하신다. 아무리 불신자가 아니라 한들 그 오랜 세월동안 "나는 불신자가 아니야"라는 의식의 장벽으로 나를 막아버렸는지 모두가 다 아는 그 사실을 지천명의 나이가 지나서도 아직 모르고 있었다는 생각에 부끄러웠다. 갑자기 어안이 벙벙해진 나는 그 많은 부처와 보살들이 모두가 뻥이었다니 하는 생각에 가벼운 배신감까지 들었다. 그러나 곰곰이 생각해 보면 금방 알 수 있었던 것을 불신자가 아니란 이유로 외면하고 알려고 조차 하지 않았음을 깨달았다. 2500년 동안 사람들의 염원을 담아 만들어낸 허상을 형상화 하였을 것이다. 우리들의 어머니, 어머니의 어머니, 그 어머니의 어머니들께서 장

독대에서, 정지 간에서, 커다란 나무 밑에서, 바위 밑에서 간절한 염원을 담아 빌고 빌었던 염원들의 무게만큼 모이고 모여 아미타불도 되고, 관세음보살도 되고, 지장보살도 되었음을 그때서야 깨달았던 것이다.

새벽 3시에 기상, 간단히 소세를 마치고 새벽예불에 참여해보았다. 지난 밤 9시에 잠자리에 들었으니 더 자고 싶어도 저절로 깨어지는 것을, 공연히 새벽에 일어날 걱정을 한 셈이다. 사람이란 동물은 머리로 생각이라 것을 하는 까닭에 생각이 곧 몸을 움직이니 스님들의 새벽 예불 시간이 무척 빠르게 보였지만 몸소 그곳에 임해보니 못 할 바도 아닌 것을.

새벽예불을 끝내고 다시 그 시간의 사찰 풍경을 담아 볼 요량으로 경내를 한 바퀴 돌아 홍련암으로 갔다. 해돋이를 담아볼 생각으로 삼각대를 장착하고 동녘 하늘을 향해 렌즈를 열었다. 홍련암 마당에 한자리 크게 자리한 내 카메라에 청마의 해, 나의 염원으로 가득 채워진 붉은 태양을 맞이할 생각에 떨리는 가슴을 진정하며 기다렸다.

오늘 이곳에 모인 뭇 사람들 또한 서로 다른 소망을 염원하며 동녘 하늘을 향해 모아진 간절함을 한데 실어 붉은 태양이 두둥실 높게 솟아올라 주길 바랄 것이다. 해수관음상과 보타전, 원통 보전의 부처님의 영험함을 빌어 소망을 이루어 주길 바라며 그 염원의 징표로 오늘 멋진 일출을 선사해 줄 것을 바라는 것일 것이다. 그러나 어둠조차 가시지 않은 새벽부터 한 시간을 기다린 동녘 하늘은 흐릿한 해를 삼켜버린 구름과 함께 염치없는 모습으로 나타났다. 차담 시간의 충격이 아직 가시지

〈홍련암에서 바라본 의상대〉

도 않았건만, 해년마다 달력의 1월을 장식하던 멋진 의상대 일출사진을 기대하는 나를 속절없이 외면하였다.

세상살이가 사람들의 바람을 모두 이루어 준다면 얼마나 좋을까? 10여 년 동안 수차례의 일출 촬영에서 나는 아직 만족할 만한 일출을 만나지 못했다. 구름이 삼켜버린 오늘 아침의 일출처럼 우리의 바람도 허망하게 버려질 수 있다. 그러나 아직도 여전히 만나지 못한 일출은 항상 나를 위해 준비하고 있는지도 모른다는 기대감을 가져본다. 내가 지금까지의 편견의 벽에 갇혀 볼 수 없었던 불교 삼천불의 존재의 의미를 비로소 확인 할 수 있었던 것처럼 어느 날엔가 멋진 오메가의 형상으로 나와 만나기를 기다려 줄지도 모른다는 기대감, 그 간절한 바람을 실어 이곳 낙산사에 뿌려 두자고 다짐하여 본다. 의상대의 일출도 물 건너가고 사진으로는 별 소득도 없는 1박 2일이었지만, 일상에서 벗어나 맑고 색다른 공기와 새로 접하는 불교문화를 익힐 수 있는 유익한 시간이었다. 나를 당황하게 만들었던 부처의 존재를 이해할 수 있게 해준 시간을 얻어가는 산뜻함과 명쾌함으로 그날의 일정을 마무리하였다.

(2014. 1. 11~12. 낙산사 템플에 다녀와서)

신을 품은 메테오라

사람들의 바람은 무한하다. 신을 향한 사람들의 간절함이 메테오라를 탄생시켰음일까? 메테오라는 바위산 위에 위태롭게 지어진 중세의 수도원들이다. 그리스 핀투스 산맥의 완만한 지형의 끝나는 지점에 불쑥 솟아오른 바위산에 지어져 세계 10대 불가사의로 꼽힌다. 테살리아 평야 서북단에 위치한 메테오라 지역은 10세기쯤부터 수도사들이 동굴이나 바위를 파서 기도하고 성체를 모신 그리스정교의 수도사들에 의해 세워지기 시작했다.

16세기까지는 24개의 수도원이 있었으나 지금은 메갈로 메테오라 수도원, 바를람 수도원, 암벽에 붙어있는 형상을 한 록산느, 뜨리아다, 스테판 수녀원, 니콜라스 수도원이 남아있다.

뜨리아다 수도원은 007시리즈 영화를 촬영한 장소이기도 하다. 지금

〈바위 위에 세워진 수도원〉

은 계단이 놓여 있지만 절벽 아래에서 올라가야 하므로 꼭대기에서 길게 내려뜨린 그물망의 줄을 내려주면 그걸 타고 위에서 끌어 올려 주어야 들어갈 수 있었다.

일설에 의하면 14세기 종교의 부패에 염증을 느낀 정의로운 신부와 수도사들이 일반인들과의 접촉을 피해서 진정한 종교 생활을 위해 그 곳으로 향했다고 한다. 또 다른 설로는 트루크해적들로부터 공격을 받은 아토스 수도원들이 적들이 쉽게 공격 할 수 없는 장소를 찾은 곳이 바로 이곳이란다. 처음에는 바위의 동굴을 이용하였기 때문에 수도사들은 마을에서 신도들이 올려주는 음식을 그물망을 통해 받아먹거나 암벽을 오를 수밖에 없었다.

이 들의 고행이 조선조 이후 우리나라의 승려들과 닮았다. 신라와 고려시대 불교는 호국 불교정책을 등에 업고 대중과 더불어 화려하게 번성하였다. 그러나 조선조 개국과 함께 불교는 유학사상에 밀려 산속으로 들어갔다. 이때부터 불교의 승려들은 깊은 산자락에 자리를 잡아 고행의 역사가 시작되었을 것이다. 그러나 현재까지도 호국불교의 흔적이 지워지지 않고 계속되어 곳곳의 풍광 좋은 곳에는 가람이 자리 잡고 있음은 말할 것도 없고, 여전히 종교적 역할을 다하고 있음은 메테오라의 탄생 동기처럼 조선조의 불교탄압정책이 준 선물인지도 모른다.

메테오라 수도사들의 고행은 마을 사람들을 감동시켜 성금을 모으고 때로는 부유하고 의로운 신도들이 뜻있는 성금을 더하여 수도원이 세워지기 시작한다. 지금 같으면 비행기로 건축 자재를 나르면 간단하겠지만, 그물망으로 오르내리던 그 시절에 거대한 돌덩이 위에 하나의 건축 모형을 떠다 놓은 것 같은 모습의 수도원을 어떻게 지었을까? 하는 의문은 더더욱 불가사의 하다는 생각을 하게 한다. 종교의 위대함이 준 신의 선물이 아닐까?

아침 햇살을 품은 수도원의 모습은 중세의 수도사들의 기도하는 모습을 떠올리게 한다. 거대한 바위산을 휘감은 안개가 꼬리를 감추자 부드러운 햇살을 받아 황금색으로 빛난다. 황금빛을 머금은 수도원에는 화려했던 비잔틴문화의 성화와 고문서, 목조 장식품들로 세계 어느 박물관 못지않은 소장품이 즐비하다. 초기 수도원의 생활상을 그대로 재현해 놓은 모습은 중세인들을 만난 것 같은 착각을 느끼게 한다.

수도사들의 소박하고 절제된 삶의 양식은 동시대는 물론 현대를 사는 우리에게까지 큰 감명을 준다. 특히 역대 수도사들의 초상화와 유골을 모아 놓은 모습은 섬뜩하기까지 하다. 유골들이 유독 분홍빛을 띄고 있는 것은 그 지방의 질 좋은 레드와인으로 씻었기 때문이라 한다. 유골을 대하는 평신도들이 당황함을 씻어주기 위함인지 알 수 없지만 분홍빛 유골은 차디찬 유골에 온기를 느끼게 한다.

메테오라의 아침 햇살이 바위에 드리워진 모습은 마치 중세 그리스의

〈뱀의 형상을 한 바위〉

수도사들의 기도하는 모습을 어여삐 여긴 신께서 높은 산기슭의 수도사들을 추위에서 보호하기 위함처럼 보인다. 저 멀리 만년설은 인 핀토스 산맥의 정상 모습 또한 신의 선물인가? 황금색 햇살을 품은 바위와의 어우러짐이 멋스럽다.

굽이굽이 구불거리는 길을 돌아 메갈로메테오라에 이르기 전 특이한 형상의 바위가 내 눈을 사로잡는다. 검정색의 널따란 등에 큼직하게 흰색 스트라이프 셔츠를 입은 모습을 한 뱀의 형상이다. 마치 이곳 메테오라의 수도원을 지키기라도 하려는 듯 위협적인 주둥이를 쑥 내밀고 있는 눈매가 매섭다. 아마도 이곳으로 찾아든 수도사들의 신변을 위협하는 모든 것들로부터 그들을 온전히 지켜내어 오직 기도에만 전념할 수 있도록 하겠다는 신의 의지가 이런 형상의 바위를 만들어 놓은 것 같다. 중세의 부패한 종교인들과 투르크의 해적들로부터 정의로운 수도사들을 지키겠다는 굳은 의지의 표현이었다면, 그 의지가 이곳 신을 품은 메테오라의 수도원들이 수세기가 지난 오늘날까지 보존되어 그리스 국민들의 자긍심을 지키게 했는지 모를 일이다. 메테오라의 황금빛 아침은 수세기 동안 그리스인들의 사랑을 받으며 그들과 함께 하였듯이 또 다시 다가올 수세기에도 여전히 그리스인들의 사랑과 기원으로 그 곳에 장엄하게 서 있을 것이다.

(2014. 7. 14.)

사진으로 말하다

어쩌면 인생은 엇갈린 운명이 연속인지 모른다.

내가 가지 못한 여행지에 대한 아쉬움,

그 아쉬움을 털어버리려고 나선 촬영에서

멋진 사진을 꼭 만나고 싶다는 갈망에 설정까지 달리하며

열심히 작화한 그 사진들은 나와 만날 운명이 아니었는지

그렇게 떠나버렸다.

알 수 없다, 그 속에 정말 필생의 역작이 있었는지는?

배려의 이름으로

추석을 막 보낸 초가을 제주의 하늘은 가을의 문턱임을 입증이라도 하듯 짙푸르렀다. 지난여름 거제도로 느림의 미학적 사진을 찍고자 떠났던 여행에서 억수같이 쏟아지는 장맛비에 묶여 카메라는 꺼내 보지도 못한 아쉬움에 제주도로 방향을 틀었다. 바다로 둘러싸인 제주의 바다가 나에게 가장 적합한 피사체가 되어 줄 것 같음에 최종 기착지로 정해 놓은 터였다.

느린 셔터 사진은 시간이 많이 걸리는 탓에 혼자 찍는 것이 가장 적합하다. 때마침 풍랑이 좀 거칠어져서 내가 원하던 날씨이다. "앗싸" 날씨가 도와준다며 흥얼거리는데, 아뿔싸 오빠가 다치는 바람에 자동차 보험을 들지 못했단다. 철두철미한 우리 오빠의 성품으로 보아 보험 가입도 안 된 차를 내 줄 리 만무하다. 첫 날의 촬영은 그렇게 무산되었다.

〈안덕면 송악리 형제섬 앞 해변〉

처음 계획대로라면 나 홀로 촬영을 삼일쯤 하고 집안일을 볼 생각이었다. 제주에 가서 며칠 있을 계획을 안 서울의 친구가 내 고향이라 따라 나선다는 걸 외면 할 수도 없는 일이라 동행하기로 한 터였다. 늦은 오후에 도착한 그네들과 합류하여 남원의 금호콘도로 향했다. 가는 길에 섭지코지에 이르니 이미 날은 저물었다. 하지만 그네들과 함께 하면서도 머릿속에는 바닷가 바위로 들이치는 파도의 높이에 온 신경이 가 있다.

아! 저 정도의 높이면 기암괴석의 바위와 파도의 부딪힘을 담는다면 정말 아름다운 영상이 나올 텐데….

슬그머니 카메라를 꺼냈다. 그네들은 산책을 하라며 보내고 몇 컷 찍는데 장관이다. 너무 늦은 탓에 해안가 조명이 자연미를 앗아가긴 하였지만 그 나름대로 독특한 영상이 되었다. 다음 날 일정을 잡으면서 이제 온전히 사진에 대한 생각은 버리고 그네들과 재미있게 보내자고 다짐하고 또 다짐했다.

만난 지 35년이 넘는 동안 한 번도 여행을 같이 한 적이 없던 친구와 함께여서 나의 본래 목적은 모두 접어버리고 물영아리오름 습지를 가기로 했다. 제주에는 람사르 습지에 등록된 곳이 네 곳13)이 있다. 그 중 물영아리오름14)이 으뜸이다. 옛 지명은 물우라(물을 위한다는 뜻)라 한다. 이 마을의 높은 곳에 물이 있다하여 불리어 온 이름이다. 예로부터 오름의 산신이 노하면 분화구 일대가 안개에 휩싸인다고 전해 내려오고 있어 지금도 이곳 주민들은 이곳을 드나들 때 항상 거동을 조심한다고 한다.

물영아리오름 진입로는 키가 큰 편백나무와 삼나무 숲으로 시작되어 피톤치드가 가득하다. 서울의 탁한 공기로 수십 년 동안 켜켜이 쌓아 온 몸의 찌꺼기가 한 호흡에 다 날아가 버린 듯하다. 가슴 속까지 파고드는 시원함에 온 몸을 맡기며 가쁜 호흡으로 오름을 오른다. 습기를 잔뜩 머금은 숲은 뱀이 살기에 최적화 되어 있다. 가느다란 실뱀이 우리의 발자국 소리에 놀라 재빠르게 몸을 움직인다. 그 작은 뱀 때문에 우리 또한 사정없이 놀라곤 했다.

500m의 오름 정상에 오르니 조그만 개구리가 우리를 맞이한다. 풀빛을 한 개구리는 눈여겨보지 않으면 풀인가 여겨 그냥 지나칠 뻔하였다. 그러나 우리의 예리한 눈매를 벗어나지 못하고 수십 번의 핸드폰 카메

13) 물영아리오름습지, 물장오리오름습지 1100고지습지, 동백동산습지

14) 물영아리오름은 서귀포시 남원읍 수망리 188번지 309㎡, 해발 380-509m의 오름으로 2006년 11월 18일 람사르습지에 등재되었다.

라 세례에도 꼼짝을 하지 않고 앉아 있는 모습이 영락없이 순수한 아기 개구리이다. 정상을 내려오니 오름 둘레를 한 바퀴 돌 수 있게 조성된 둘레길은 오름이 목장으로 둘러 싸여 있음을 알 수 있게 한다. 아마도 풍부한 습지 덕에 풀이 잘 자라 주변이 목장이 되었음직하다.

두 번째 방문지는 천년의 세월을 보냈다는 비자림이다. 평대리 비자나무 숲15)은 수령의 500~800년생의 비자나무 2,800여 그루가 밀집하여 자생하고 있는 숲이다. 숲에 이르면 마치 영화 '녹색의 장원'을 연상케 한다. 아니 그보다 더 웅장하여 무어라 표현 할 수 없는 신비함을 느끼게 한다. 숲길 곳곳에 숨골이라 불리는 바위틈에서는 서느런 공기가 사방으로 흩어져 피부에 와 닿는 느낌이 신의 뜻을 담은 듯 영험해 보이기까지 하다. 하기야 천년을 그 드넓은 곳에 버티고 있는 나무들이니 어찌 영험함인들 품지 않으랴. 세월을 안은 영험함으로 방문객을 안으니 그 많은 방문객들의 숨소리조차 모두 끓어 안아 숲은 고요하고 평온함으로 가득하다.

마지막 행선지로 정한 마라도와 가파도를 가기위해 선착장에 도착한 나를 기다린 긴 실망이었다. 파도가 심해서 배가 들어가긴 하는데 나올지가 불투명하단다. 이 때 다시 내 가슴은 방망이치기 시작한다. 이런 날씨, 이런 날씨가 바로 내가 원하던 그 날씨이다. 하늘은 푸르고 파도는 용솟음치고 섬으로 들어가면 바위에 부딪히는 그 풍경을 기막히게

15) 평대리 비자나무 숲은 448,165㎡에 달하며, 나무의 키는7-14m, 가슴높이 지름이 50-140㎝, 가지 폭이 10-15m, 수령의 500-800년생의 비자나무 2870구루가 밀집하여 자생하고 있는 숲이다

카메라에 담을 수 있을 텐데, 가자고 나섰다. 못 오면 하루 자도 된다며. 그렇게 된다면 나에겐 금상첨화이니 이보다 더 좋은 기회가 나에게 다시 안 올 것 같아 마음이 앞선 대책 없는 나의 주장이다. 그러나 일행은, 사람들은, 세월호의 덫에 아직도 머물러 있음을 나만 간과하고 있었다. 모두 묵묵부답이다. 위험한 뱃길에 대한 두려움, 그 이면에는 말하지 않아도 알 수 있는 세월호의 덫이 존재하고 있었다.

뱃길을 포기한 나의 발걸음이 터벅대는 것은 물론이고, 짜증이 나고 있었다. 사진 찍기를 포기했다던 나의 마음은 여지없이 속내를 드러내었다. 모처럼 함께 나선 친구와 함께 하겠다던 나의 다짐이 속살을 훤히 드러내면서 겸연쩍은 웃음으로 감추고 있었다. 그네들이 나의 이런 마음을 읽고 있었음은 말할 것도 없으리라. 동쪽 해안도로를 따라 제주시로 가자는 나의 제안에 선뜻 동의한다. 내 속내는 그쪽의 파고가 훨씬 높은 지역임을 알아서이다. 가다가 혹시라도 포기한 내 카메라의 마음을 달래보려는 얕은 수작이 동반했음이다. 안덕면의 형제섬에 이르니 일행이 송악산으로 올라가 보고 싶단다. 정말 좋다며 얼른 가라고 재촉한다. 속으로는 한 시간은 족히 걸릴 터이니 그사이 나는 바위를 향해 하얗게 부서지는 파도에 카메라를 들이댈 속셈이다.

그네들이 산에 오르는 것을 보고 튼튼한 삼각대에 카메라를 장착했다. 느린 셔터의 사진을 찍자면 바람이 많이 부는 이런 날에는 흔들림 방지가 필수이기 때문이다. 바닷가 기암괴석을 향해 몰아치는 파도를 카메라에 주어 담기 수십 차례, 마치 산넘이를 하는 안개를 안은 듯이 보이는 영상을 몇 컷 담았다. 그네들은 벌써 내려와 점심식사를 하면서도 나를 내버려 둔 모양이다. 하늘은 파랗고 파고는 높으며, 만조 때의 부서지는 파도가 아름다운 바로 이런 날이 내가 원하던 날씨였음을 강조하며, 1,000장은 족히 찍었어야 했다며 아쉬움을 남기는 나에게 미안함을 느꼈기 때문이리라.

지금 생각하면 참 졸렬하고 못났다. 35년 만에 함께한 동무에게 "너를 위해 내가 이번 촬영은 포기할게." 라며 호기롭게 외쳐 놓고 여행 내내 그 얕은 속내를 못 감추고 드러냈으니 그 동무가 얼마나 불편했을까를 생각하니 미안하기 그지없다. 남을 배려함이 이렇게 힘든 일인지, 나의 것을 온전히 버리고 남을 배려함이 이렇게 어려운 일인지 실감하는 여행이었다. 배려의 이름으로 그네들과 함께 한 여행이 엉망이 되지는 않았기를 간절히 바라지만 장담할 수 없는 상황이 되어가고 있음이다.

마지막 기착지는 함덕 해수욕장의 해수사우나였다. 때마침 해가 뉘엿뉘엿 해넘이를 준비하고 있다. 해수욕장을 앞에 둔 사우나에는 수영장처럼 넓은 곳에 해수를 담아 놓은 큼직함 탕이 있다. 석양의 노을빛에 붉게 물든 수평선을 바라보며 생애처음으로 벌기벗은 나신으로 수영을 즐길 수 있는 사우나를 안내한 것으로 그네들에게 미안함을 조금 씻어 달라며 겸연쩍은 웃음을 웃어 보인다.

그리고도 개운치 않은 나는 마음속으로 나지막이 용서를 빌었다. 미안하다 친구야!! 천년의 숲을 헤치고 들어온 화려한 빛의 아우라와 함께 역광의 라인라이트의 어우러짐이 멋있게 빛나던 네 모습을 담아 준 것으로 용서해주면 안될까? 오늘 네게 미안함으로 얻어진 멋진 사진 한 장이 탄생한다면 그 작품명은 '배려의 이름'으로 명하여 그 미안함을 대신할 수 있었으면 하는 바람을 가져본다. (2014. 9. 28.)

필생(畢生)의 역작을

어느새 계절의 여왕이라는 오월이니 봄이 꼬리를 드러내기 시작한다. 다친 발목이 발목을 잡아 6개월 전부터 계획했던 크로아티아 여행을 포기했다. 많이 아쉽긴 했지만 오래도록 여행을 다니고 싶으면 자중하라는 지인들의 말에 그만 손을 들어버렸다. 사실 무리를 해서라도 꼭 가고 싶은 곳이라 갖은 약까지 준비했지만 역시 포기하는 것이 좋다는 결론을 내리며 마음이 여간 쓰라린 게 아니다. 하지만 마음은 나를 버리고 훌쩍 떠난 지인들이 어디쯤일까에 온 신경이 간다. 약이 오른다. 오늘이 어린이 날이니 아이들처럼 맑은 마음으로 실컷 뛰어놀라는 듯 날씨는 화창하기 그지없다.

어제 저녁부터 어딘가로 떠나고 싶은 유혹 때문인지 알람도 맞춰 놓지 않았는데 새벽 4시도 안되어서 잠이 깨었다. 온 몸이 신경이 펄떡

거리며 깨어나는 느낌이다. 벌떡 일어나 카메라 가방을 주섬주섬 챙기고 있는 나를 발견한다. 가는 거다, 어디든. 이 화창한 봄날에 어찌 가만히 있을 수 있단 말인가. 그건 죄악이다. 어슴푸레 밝아 오는 동녘하늘을 뒤로하고 운전대를 잡는다. 뻥 뚫린 새벽길 내부순환도로를 지나 자유로, 그리고 초지대교에 다다르는데 그리 많은 시간이 걸리지 않았다. 발끝으로 전해오는 짜릿한 쾌감, 그것만으로도 마음이 한결 가벼워진다.

얼마 전 가보았던 동검리 갯벌이다. 크로아티아 보다 더 멋진 영상을 잡으리라 다짐한다. 만조시간에 맞추어 와서인지 물이 막 빠지기 시작하며 갯벌이 서서히 그 모습을 드러낸다. 아직은 물이 꽤 차 있으니 촬영 포인트를 찾는 게 우선이다. 동검리 초입부터 서서히 차를 몰아 끝 지점까지 두어 번 왔다 갔다 하며 적절한 포인트를 찾아본다. 사실 촬영의 최적지점을 찾는다는 것은 쉬운 일이 아니다. 수차례 거듭하여 찾아다녀야 한다. 계절별로 다르고 물때에 따라 다르고 아침과 저녁이 다르니 한두 번 와서 알맞은 지점을 콕 찍는다는 것은 불가능함을 잘 안다. 그래서 대부분은 먼저 찍은 이들이 사진을 보며 짐작하기도 한다. 그렇다 하더라도 작화자의 의도와 감각과 감성이 서로 다르니 언제나 포인트를 찾는 과정은 어렵기만하다.

물이 점점 빠지면서 그 물속에 감춰진 갯벌의 속살마저 드러내기 시작한다. 새 벽 여섯시 9분이 만조시간이었으니 한 시간쯤 지나자 갯벌이 만들어낸 골에 갖은 형태의 물도랑을 만든다. 갯벌과 물도랑은 시간이 갈수록 다른 모습으로 나를 설레게 한다. 아침 햇빛을 받은 갯벌이

은비늘처럼 반짝인다. 한쪽 구석에 소담스레 자란 수초는 갯벌과 어울려 역광을 받으니 아련한 꿈속의 숲을 연상하게 한다. 갯벌은 자신을 드러내기 위함인지 힘껏 물살을 밀어낸다. 물살이 밀려나면서 생기기 시작한 갯벌의 속살은 역광을 받아 산을 만들고 바위를 만들고, 마을도 도시도 만든다. 이제 나는 역작을 만나기 위해 작화에 깊이 빠져든다. 하나의 피사체를 선택한 후 여러 가지 촬영기법을 도입해 본다. 카메라 메커니즘을 이용하여 여러 가지 느낌의 사진을 건져볼 심산이다.

카메라 설정을 이용하여 ISO 값을 낮춰서 화상을 정밀하게 촬영하여 피사체인 갯벌의 숨골까지를 잡아볼 수 있다. 다음은 또 다른 설정으로 ISO[16]값을 높여 같은 피사체를 촬영한다. 예상대로라면 화상은 거칠어진다. 마치 오래된 옛날 사진처럼. 이렇게 수십 가지의 카메라 메커니즘을 이용하면 하나의 피사체로 수십 장의 다른 사진을 촬영할 수 있다. 사실 이렇게 기법을 달리함은 오늘 내가 찍는 사진의 느낌을 확신할 수 없어서이다. 이론으로만 알고 있는 내 지식을 검증하는 과정이라 할 수 있다. 태양이 어느새 높이 올라와 있다. 강한 자외선이 눈을 자극한다. 사진은 빛이 예술이라 한다. 다양한 빛이 피사체에 비치는 방향에 따라 그 느낌이 달라지기 때문이다. 그래서 작가들은 아침과 저녁의 부드러운 사광을 최고의 빛으로 꼽는다. 벌써 빛의 각도가 너무 올라와 있으니 촬영을 접어야 할 때가 된 듯하다.

---

16) 카메라 감도를 얘기하는 것으로 100을 기준으로 배로 올라갈수록 민감도도 배로 올라간다. 보통은 ISO 100, 200, 400, 800, 1600, 3200, 6400 등으로 값이 올라갈수록 입자가 거칠어지고, 노이즈가 발생한다. 입자를 거칠게 표현을 하기위해서 ISO 값을 올려 촬영하거나, 정밀하게 촬영하려면 ISO값을 낮춘다.

내가 하고 싶은 일, 취미생활은 이런 것일 게다. 그것을 하는 동안 자신을 무아의 몰입에 빠지게 하는 것, 세상사의 모든 것을 잊고 카메라 셔터를 누르는 동안 나는 어떤 것으로부터도 방해 받지 않는다. 오직 피사체와 카메라 셔터에만 집중하게 하는 힘, 그것이 나를 이른 새벽 외로움이나 무서움 따위 아랑곳 하지 않고 나설 수 있게 하는 힘이다.

디지털 카메라를 들기 시작하면서 촬영 후 또 다른 작업이 날 기다린다. 메모리카드를 컴퓨터에 띄우고 선별하는 과정이 필요하다. 우리들은 이 작업을 노가다라 한다. 열심히 찍는 동안 무작위로 받아들인 마음을 정리하는 시간이다. 이것도 아깝고 저것도 아쉽다. 그러나 그것을 골라낼 수밖에 없는 서글픈 운명은 나도 찍혀진 사진도 이별의 아픔을 견디며 해내야 하는 운명적 시간이다.

오늘도 나는 여전히 그 작업에 빠져든다. 이미 시간은 자정을 향하고 있다. 내일 출근을 위해 일어서야 하는데 뜻대로 되지 않는다. 작업은 계속된다. 왜 같은 사진이 이렇게 많은지? 의아해 하며 가볍게 사진을 지워 나간다. 아! 아뿔싸, 이럴 수가! 나는 같은 피사체를 설정을 달리하여 다른 느낌으로 촬영한 사진들을 여과 없이 지워버렸다. 몇 시간을 애써 다른 느낌의 사진을 건질 요량으로 촬영한 사진이다. 아무 생각 없이 같은 구도의 사진이라는 이유로 지워버린 것이다. 좀 더 정밀하게 관찰했더라면 서로 다른 입자의 정밀도를 알 수 있었을 텐데, 사진이 컴퓨터의 휴지통에서도 이미 사라져 버린 뒤에야 깨달았다. 이로써 오래된 옛 사진처럼, 마치 원시의 어느 바닷가를 연상하며 촬영했던 갯벌의 모습은 크로아티아 행 비행기 표처럼 속절없이 사라지고 말았다.

어쩌면 인생은 엇갈린 운명의 연속인지 모른다. 내가 가지 못한 여행지에 대한 아쉬움, 그 아쉬움을 털어버리려고 나선 촬영에서 멋진 사진을 꼭 만나고 싶다는 갈망에 설정까지 달리하며 열심히 작화한 그 사진들은 나와 만날 운명이 아니었는지 그렇게 떠나버렸다. 알 수 없다. 그 속에 정말 필생의 역작이 있었는지는? 그러나 못내 미련이 남음은 떠나버린 것에 대한 아쉬움, 가지 못한 곳에 대한 아쉬움 때문이리라. 그러니 운명적 만남은 억지로 될 수 없음이다.

오늘 나의 촬영은 그저 갯벌과의 한 판 멋들어진 유희로 만족해야 할 운명인가보다. 그런들 어떠하랴! 이 좋은 봄날에 나와 열정을 다하여 놀아줄 갯벌은 영원히 그 곳에 있을 터이니, 또 다른 봄날에 나의 운명적 작품을 다시 만나면 될 것이다. (2015. 5. 8.)

며느리밥풀 꽃과의 만남

오래전부터 야생화 사진을 찍어 볼 생각이 있었지만 이런 저런 이유로 선뜻 나서지 못하고 있었다. 온라인 카페에 가입하여 야생화 사진을 보면서 그네들과 함께 다녀 볼 생각을 하였지만 평일에 진행되는 출사는 번번이 순번에서 밀려 따라가지 못하곤 하였다.

모처럼 들어가 본 카페에 주말 무박 출사가 남아 있어 따져볼 것도 없이 신청했다. 일단 신청을 하긴 했지만 체력이 감당할까 은근히 걱정하며 망설이던 차에 주선 하는 이가 전화를 걸어왔다. 11시에 출발하여 새벽에 산을 오르는 것으로 크게 어렵지 않다는 안내에 선뜻 따라 나선 것이 화근이라면 화근이다.

사당역을 출발한 승합차는 쉬지도 않고 달려 가야산 입구에 도착했다. 날이 밝아야 오르는 줄 알았던 산행은 새벽 세시부터 시작 되었다. 깡마

〈며느리밥풀 꽃〉

른 체구의 네 분의 남자 분들은 40여 년을 산행을 해 온 등산 마니아들이었고, 초하라는 예쁜 닉네임을 가진 여성분도 체격으로 보아 만만치 않아 보였다. 일행들은 사진을 찍으며 갈 것이고 그리 힘들지 않다며 올라갈 것을 재촉한다. 30여 년 전쯤 해 보았던 야간 산행을 하게 될 줄은 꿈에도 몰랐다. 무식하면 용감하다고 하였던가? 야생화 기행이 처음인 내가 치를 고행의 시작이었다. 일행들은 초행인 나를 배려하여 평소보다 훨씬 느린 걸음으로 함께해주었다. 나는 그마저도 따라 잡기 힘이 들었다. 일행들은 연신 쉬어가기를 반복하게 하며 배려해 준다. 얼마나 더 왔을까? 갑자기 무리한 산행을 하여서인지 속이 매스껍고 배가 아파와 견딜 수 없는 지경이 되었다. 고충을 얘기하자 갑자기 무리한 체력소진을 하면 신체가 보조를 맞추느라고 모든 장기 기능을 최대한 사용하게 되어 오는 현상이라고 설명한다. 어쨌든 참을 수 없는 상태가 된 나는 어쩔 수 없이 처음 가본 가야산에 영역표시를 하고 말았다. 바위틈을 비집고 오르고 또 오르다가 얼굴이 바위에 살짝 긁히는 사태도 일어났으니 최고조의 긴장감이 내 온몸을 감싸고돈다.

두어 시간 쯤 오르니 일출을 만났다. 하지만 낮게 드리워진 검은 구름 탓에 일출사진은 새벽 구름이 삼켜버렸다. 이 일출을 찍으려고 쉬운 코스를 두고 북한산의 깔딱 고개를 수십 개를 합쳐 놓은 것 같은 코스를 밤새 올라왔다 생각하니 억울하기까지 하다. 멋없는 일출은 접어두고 돌아서니 황금빛을 머금은 기암괴석이 장관이다. 이 맛에 야간 산행을 한다는 산악인들의 말이 실감나는 장면이다. 또 다시 오르내림을 반복하여 서성재에 이르렀다. 닉네임도 산악인인 산오름님이 칠불봉(1.2㎞)과 상왕봉(1.4㎞)을 오르며 야생화를 찍을 예정이라며 체력이 안 되면 천천히 올라오라 한다. 이게 웬 떡이냐 싶은 마음이다. 아마도 내 울고 싶은 심경을 들킨 모양이다. 나를 버린 일행은 성큼성큼 앞서 나간다. 하나도 섭섭하지 않다. 일부러 천천히 올랐다. 그들이 시야에서 사라지자 새벽 볕이 들어오는 곳을 찾기 시작했다. 새벽녘 산 속이라 바람막이를 입었는데도 마치 가을 날씨처럼 한기가 돌았다. 500여 미터를 오르는데 한 시간쯤이나 걸린다. 풀숲에 숨은 이름 모를 야생화를 찾아보기로 했다. 산이야 오르든 말든 나는 야생화를 찍으러 왔으니 야생화를 찍으면 그만이라 위로한다. 사실 오늘 함께 한 일행들은 나와 패턴이 다른 분들이다. 나는 사진이 우선인데 그 분들은 산이 우선인 모양이다. 너무 깊은 산속이어서인지 야생화도 찾기 힘드니 한 번 눈에 띈 야생화를 파먹는 일에 몰두 할 수밖에. 며느리밥풀 꽃이라 불리는 분홍색 꽃이 마치 기다리기라도 한 것처럼 다가와 낯익은 표정으로 유혹한다. 그 꽃이 그 날 내 밥이 되어 파이는 수모를 겪었다.

며느리밥풀 꽃은 그 이름만큼이나 애잔한 사연을 가졌다. 꽃가마 타고 갓 시집온 새댁은 곳간 열쇠를 거머쥔 시어머니가 내주신 쌀로 밥을 지어 밥상을 올리고 나면 항상 자신에게 돌아오는 남은 밥이 없어 배가 고팠다. 넓적한 함지박에다 누룽지를 긁어 넣고 방금 내온 밥상에서 남은 나물들을 넣어 비벼서 정신없이 먹었다. 이를 본 시어머니는 밥을 많이 먹는 며느리가 보기 싫어 주걱으로 며느리를 때려 숨지게 했다.

꽃분홍치마를 두른 곱디고운 며느리는 밥풀을 입가에 묻힌 채 서럽게 맞아 죽어 그 슬프디 슬픈 한을 풀길이 없어 며느리밥풀 꽃으로 환생하였다는 전설이다.17) 이 슬픈 전설을 인 꽃이 오늘은 나의 맥없는 체력을 위안 해주는 최고의 벗이 되었다.

한참 동안 며느리밥풀 꽃과의 놀음을 끝내고 햇볕이 드는 너럭바위를 찾아 따뜻한 볕을 쪼이며 한참을 앉아 있다가 칠불봉도, 상왕봉도 포기하고 다시 서성재로 내려왔다. 가고 싶은 마음이야 굴뚝같았지만, 무리한 산행을 하다가 소방헬기 부르는 참사가 생길까 두렵기도 하고 그렇지 않아도 약한 다리를 온전히 망가뜨릴 것 같은 두려움에 포기했다. 계곡을 따라 내려오는 길은 오를 때보다는 수월했지만 그 또한 쉽지 않았다. 내려오다 지치면 차가운 계곡물에 발을 담가 지친 발을 쉬게 하고,

---

17) www.naver.com 참조

길가에 핀 진노랑색 나리꽃을 카메라에 담아보기도 하며 쉬엄쉬엄 내려오니 산 밑 마을은 장마가 끝난 후여서인지 땡볕이 기다리고 있었다.

두 개의 봉우리를 다 오르고 그곳에만 있다던 솔나리, 가야잔대 등 희귀한 야생화를 담았다며 좋아하는 일행들은 어느새 내 앞으로 나선다. 그들이 부럽고 야속하다. 하지만 어쩌겠는가. 그것이 내 체력의 한계인 것을….

꿩 대신 닭이라고 하였던가. 내 카메라 속에는 볕 좋은 너럭바위 옆에 곱게 핀 며느리밥풀 꽃이 여러 가지 얼굴로 나를 반기고 있다. 그네들은 수줍은 모습으로 엷은 미소를 띠며 나를 위로 한다. 함께한 일행들처럼 오늘 만나기로 한 가야산의 솔나리와 가야잔대를 만나지는 못했지만, 애잔한 사연을 가슴에 품은 며느리밥풀 꽃의 한 많고 수줍음 가득한 맑은 얼굴을 담았으니 그것으로 족하다.

어젯밤부터 잠도 설치고 음식도 제대로 챙겨 먹지 못한 억울함에 갑자기 허기가 밀려온다. 억울하게 죽어 환생한 며느리밥풀 꽃처럼 되지 말고 맛있는 음식으로 배는 꼭 채워 야겠다고 다짐하며 식당으로 들어가 시원하고 고소한 콩국수를 크게 한입 넣었다. 지난밤의 사연이야 어찌 되었든 나는 지금 시원한 콩국수 맛에 온 마음이 다 시원하다.

10월의 어느 멋진 날, 내 아들 덕에 나도 어여쁜 며느리를 맞는다. 내 며느리가 되는 어여쁜 그녀와는 함지박에 맛있게 비벼진 새콤달콤한 비빔밥을 함께 나누어 먹으며 즐겁고 행복한 삶을 살아가리라 다짐해 본다.

(2014. 7. 29.)

원대리 습격사건

새벽 4시 반에 서울을 떠났는데도 여섯시 반이 되어서야 원대리 자작나무 숲에 도착했다. 여름날 여섯시 반은 사진 찍기를 시작하기에 조금 늦은 시간이다. 그러나 무엇이든 생각하기 나름이기도 하다. 빛이 강해지면 그 나름의 다른 시각의 작화도 있을 수 있다고 위로해 본다. 자작나무 숲 입구에는 차량 출입통제를 하고 있었지만 관계자가 아직 출근 전이라 관리소가 텅 비어 있으니 그냥 통과할 수밖에. 얼리버드에게 주어지는 특혜라 자위하며 서슴없이 임도에 들어섰다. 가파른 길을 올라가는데 이미 작화를 끝내고 내려오는 카메라를 든 이들을 보니 마음은 더 조급해졌다. 사진촬영에는 빛이 중요하기 때문이다. 갓 떠오른 태양이 선사하는 부드러운 아침의 빛을 만나기 위해 사진 인들은 필사적이 되곤 한다.

서둘러 도착한 자작나무 숲에는 아침 햇살이 부드럽게 사선을 그리며 숲과 만나고 있었다. 간간히 불어오는 바람에 자작나무 잎이 살랑거림을 들으며 카메라 셔터를 눌렀다. 철거덕 거리는 카메라셔터 소리와 자작나무 숲 일렁임의 어우러짐은 환상 그 자체였다. 그 시간 동안만은 카메라 셔터를 누르는 작화자의 가슴은 찍혀질 사진의 질에 관심이 없다. 그저 그 시간에 그 곳에 있음이 중요할 뿐이다. 자작나무에 부드럽게 드리워진 아침 햇살을 온 몸과 마음으로 잡으면 그만인 것이다.

자작나무 숲은 강원도 인제군 원대리와 수산리(응봉산) 두 곳이 있다. 인제의 자작나무 숲은 인제군 산림청에 의해 조림되었다. 25ha의 자작나무 숲은 직접 자작나무 숲에 들어가 만져볼 수도 있고 잘 조성된 자작나무 숲을 산책할 수도 있다. 사계절 모두 계절에 따라 각양각색의 아름다움을 선사하고 있어 사진인 들에게 인기가 높은 곳이다. 2012년 12월 숲 탐방코스로 개발되면서 차량통제가 시작되었다. 사진을 찍기 위해서는 아침 일찍 숲에 도착해야 하는데 차량을 통제하니 오늘은 본의 아니게 습격 자가 되고 말았다.

자작나무는 하얀색 나무껍질로 잘 알려진 활엽 교목이다. 추위에 강해 강원도 산간지역에 많이 분포되어 있다. 목재로 별 효용이 없어 보이지만, 이 나무는 강도가 좋고 잘 썩지 않아 쓰임새가 다양하다. 건축 재료나 나무 조각을 하기도 좋다한다. 그 유명한 팔만대장경도 이 나무로 만들어졌다하니 그 쓰임새가 특별하다. 특히 자작나무는 자일리톨 껌의 원료로도 유명한데, 자작나무 수액은 유기산과 아미노산이 풍부하여 핀란

드에서는 오랫동안 천연 건강음료로 사랑 받고 있다.

1993년 인제군 산림청에 의해 조림된 자작나무는 외래종임에도 불구하고 그 자리에 꼭 있어야 할 것처럼 제자리를 멋지게 잡았다. 원대리가 있는 인제군에서는 임도를 닦아 걷는 숲길을 조성하고 관광객을 불러들이고 있다. 예전에는 사진인 들이나 드나들던 곳인데, 제주 올레 길에서부터 시작된 걷기 열풍이 그곳까지 달려가 있다.

새벽길 자작나무 숲 습격자가 된 우리는 카메라 셔터와 바람소리에 매료되어 배가 등에 붙는 줄도 몰랐다. 기운이 다 떨어진 후에야 왜 그러지? 하는 의아함을 누르며 시계를 봤더니 10시가 넘었다. 근처에 식당도 없는 산 꼭대기기여서 가지고 간 고구마와 간식으로 간단히 끼니를 때우고 자동차 옆에 자리를 깔았다. 그늘진 곳에 벌러덩 드러누워 한잠 자다가 사람들의 웅성거림과 아직은 이른 여름이어서인지 땅에서 올라오는 한기에 잠이 깨었다. 자동차에 있는 깔판과 얇은 담요까지 꺼내어 본격적으로 자리를 펼 생각으로 자동차 버튼을 눌렀다. 이게 웬일인가? 자동차 문이 안 열린다. 핸드폰을 찾았으나 차안에 두고 문을 닫아버렸다. 동료의 핸드폰으로 서비스센터로 전화를 걸려했으나 잘 잡히지 않았다. 간신히 핸드폰이 연결되는 곳을 찾아 통화가 되어 문은 열렸지만 라이트도 켜지지 않았다. 다행히 시동은 걸려서 운행에는 지장이 없을 것 같다. 요즘 차는 전자동으로 운행되도록 설계되어 있는데 갑자기 차가 수동이 되어버렸다. 안 그래도 몰래 들어와서 죄 받은 거 아닌가 싶은 마음인데 차까지 말썽을 부리니 정말 죄를 짓고는 못살겠구나 싶은 마음이 든다. 땀을 뻘뻘 흘리며 걸어 올라온 사람들이 차가 어떻게 왔냐며 의아해 하는데 새벽에 와서 그렇다며 심드렁한척하고 있으려니 뒤통수가 따갑다. 자동차 때문에 당황함을 털어버리고 일어 선 김에 다시 카메라를 들었다.

강한 빛이 숲 속으로 쏟아져 들어왔다. 그러나 그 빛은 자작나무와 어울리면서 금세 부드러워진다. 숲에는 관광객과 등산객들이 어느새 가득하였는데도 숲은 그들을 다 품었는지 자작나무 잎이 일렁이는 소리와 사람소리의 어우러짐이 마치 음악소리처럼 들린다. 땀을 뻘뻘 흘리며 임도를 따라 만든 숲길을 올라온 사람들은 숲에 들어서며 탄성을 지른다. 그들은 예상치 못한 숲의 마력에 매료되어 힐링에 몸을 맡긴다. 삼삼오오 짝을 지어 걷기도 하고, 가족단위의 행락객들은 아이를 무등 태워 시원한 바람을 맞으며 걷는다.

한참을 숲에서 보낸 우리는 허기를 채우기 위해 비포장의 가파른 임도 따라 2킬로쯤 간 곳은 원대리 회동이라는 화전민 마을이었다. 6·25 전쟁 때 전쟁을 피해 피난 온 사람들이 북적대었던 마을이란다. 1960년대만 하더라도 마을 규모가 50여 가구에 이르렀다고 한다. 1963년에 원대초등학교 회동분교를 개교하여 1993년 폐교 때까지 30년 동안 36명의 졸업생을 배출하여 1년에 1명꼴로 졸업생이 배출된 셈이니 회동리가 얼마나 오지마을인지 짐작하고도 남는다.

잡풀이 무성해진 회동분교는 귀곡 산장처럼 변해 있고, 민가는 모두 도회지로 나갔는지 마을은 그 흔적만이 남아 초여름 땡볕을 맞고 있었다. 이글거리는 태양 볕을 받으며 분교에서 쓰이던 물건들이 외롭게 서 있다. 그곳에서 화전민 마을을 대신하여 들어선 펜션이 우리를 맞았다. 갓 뜯은 나물에 집 된장을 풀어 넣은 비빔밥으로 맛있게 늦은 점심을 때웠다. 하산하면서 입구에서 자동차를 붙잡으면 펜션에 다녀가는 길이라 하라며 친절히 안내까지 해주는 주인 덕에 마음 푹 놓고 내려오긴 했지만, 임도를 내려오는 동안 차량이 통제되는 곳에 웬 차냐는 시선이 조금 따갑긴 하였다.

그러나 얼리버드에게 주어진 보상이라는 당당함을 갖자고 어이없는 다짐까지 하는 내 모습에 피식 웃음이 났다. 내려오는 길에 관리소에서 관리인이 우리를 향해 저벅저벅 걸어왔지만 눈도 안 마주치고 쌩하고 빠져나와 서울로 향했다. 마치 큰 죄라도 지은 사람처럼. 숲에, 걸어들어 온 사람들과 선량한 관리인에게 얼결에 지은 죄를 속죄하는 마음으로 고개를 꾸뻑하고 애꿎은 핸들만 세게 잡는다.

6·25전쟁 당시 북한군의 습격을 피해 숨어 들어온 사람들이 삶을 살아내던 오지마을에서 기분 좋은 힐링 타임을 함께 할 수 있었던 원대리 습격사건은 그렇게 끝이 났다. 카메라 속 사진은 아직 궁금하지 않다. 마음이 깃털처럼 가벼워서이다. (2014. 6. 14.)

조우(遭遇)

내가 조우(遭遇)를 만난 건 우연일까? 필연일까? 조우(遭遇)의 사전적 의미는 만남을 뜻한다. 만날 조(遭), 만날 우(遇)가 만나서 이루어진 단어이다. 우연히 서로 만남, 길을 가다가 옛 친구를 우연히 조우(遭遇)하다와 같은 경우에 쓰이는 단어이다. 우리들이 인생사는 만남을 통해서 이루어진다고 해도 과언이 아닐 것이다. 태초에 에덴동산에서 아담과 이브의 만남으로부터 시작된 만남은 사람과 자연의 만남, 사람과 사람의 만남, 자연과 자연의 만남을 통해서 우리의 삶을 만들어 가고 있다.

내가 속한 사진동호회는 어느새 10여 년의 세월을 넘기고 있었다. 그 끝자락에서 무언가로 흔적을 남기고 싶은 사람들의 욕망을 채워주기 위해 기획된 것이 '2013 사연사들 사진전'이다. 올해 나는 이 동호회의 회장을 맡게 되었다. 사연사의 회장은 구성원들끼리 돌아가면서 하는 것이

〈주천강 요선정 주변의 바위 (작품명 : 조우)〉

관행인데, 나는 회장을 맡는 것이 싫어 차일피일, 요리조리 미루다가 다른 사람이 다 해버려 더 이상 미룰 데가 없어지자 할 수 없이 소코뚜레에 묶이는 심정으로 맡게 되었다. 이런 저런 일이 많은 터라 사진에 전념할 수도 없고, 원래 자질도 좀 모자란 편이어서 전시회를 한다는데 회장씩이나 되었으니 안한다고 할 수도 없어 난감해지고 있었다.

연초에 기획한 사진전은 이미 1월에 대관을 끝내고 날짜까지 정해 버려서 더 이상 이럴 수도 저럴 수도 없는 상황이었다. 이렇게 진행을 한 것도 사실 나이다. 연초 회의에서 말이 나오자 기왕에 할 거면 날짜까지 확정하고 일단 나가보자며 못을 박아 버렸다. 무슨 일이든 미확정 상태로 미루기 시작하면 끝은 없어지게 마련임을 아는 터라 그리하였었다. 그렇게 해 놓고 나서는 사진전에 걸어야 할 사진을 준비해야 하는데 어느새 여름이 지나고 9월이 되어 버렸다. 전시사진을 준비할 겸, 여행도 할 겸 나선 해외 출사에서도 내가 머릿속에 그린 영상처럼 사진을 담아오지 못했다. 수백 장의 사진을 모두 뒤지고 나서도 한숨만 푹푹 쉬어질 뿐 머릿속 영상과 사진 속 영상의 괴리감은 깊기만 했다.

아직은 여름 기운이 가시지 않는 9월 어느 날, 영월 주천강 요선암으로 사진 찍으러 가자는 제안이 왔을 때, 나는 이런저런 이유를 따질 게재가 아님을 알고 있는 터라 얼른 따라 나섰다. 새벽길 안개가 자욱한 고속도로를 달려 도착한 주천강가는 안개에 휘감겨 있었다. 이곳을 먼저 찍어 전시회까지 한 이들이 사진을 염두에 두고 찍어 봤다. 사진이란 것이 날씨와 빛, 바람 등의 영향을 많이 받고 계절에 따라, 작가에 따라 그 얼굴을 달리함은 익히 알고 있었지만 그 날 그곳의 사진촬영을 위한 자연적 조건은 최악이라고 할 정도라고 할 수 있었다. 가뭄 끝이라 강물의 수위는 너무 낮아져 있고, 기기묘묘한 형상의 바위에 물이 고인 모습을 패턴화하여 사진을 찍어야 함에도 바위는 물기 없는 메마른 얼굴로 방해하였다. 작화를 끝낸 후 메모리 칩에 담겨진 수백 장의 사진은 별 소득 없이 주천강의 바람과 물, 바위를 기록하는 일에만 전념하고 있었다.

9월 두 번째 토요일 머릿속에서 윙윙 거리는 소리를 잠재우기 위해 안간힘을 쓰고 있을 무렵 핸드폰이 울렸다.

“사진 찍으러 안가니?”

“네 가야죠.”

“요선암 가봐, 엊그제 비가 와서 좋을 거 같은데”

"그러게요, 가시게요?"

"아니"

이 짤막한 대화가 나를 부추겼다. 아직 전시작을 준비하지 못한 찜찜함이 계속되고 있었기에 혼자 가는 외로움, 두려움, 그런 단어를 떠올리는 일조차 민망해지고 있음이라 주저하는 나를 일으켜 다시 이른 새벽 안개 낀 고속도로를 달리고 있었다.

그러나 도착한 주천강은 그날도 나를 반기고 싶지 않았는지 누런 흙탕물이 바위를 모두 집어 삼키고 모습조차 보여주지 않았다. 터덜거리는 무거운 발걸음을 옮기며 나는 다짐하고 있었다.

"그래! 네가 아무리 무심한 표정으로 외면해도 나는 너를 꼭 만나고 말리라! 꼭 너를 찾아내어 네 속에서 나를 찾으리라!"

분주한 추석을 지내고 추석 후유증이 허리를 휘감고 있던 그날, 나는 다시 주천 강을 향해 핸들을 잡았다. 비가 온 후 열흘 쯤 지난 후였다. 추석을 준비하면서도 내 머릿속에는 온통 주천강의 물이 얼마나 내려갔을까? 너무 많이 내려가면 안 될 텐데 하는 잡념이 뒤엉켜 추석빔으로 빚는 송편이 바위처럼 보이기까지 하였다. 때마침 지인들도 동행 할 수 있다기에 심기일전, 사기충천하여 자동차 엑셀레이터를 밟는 내 발끝에서 음악소리가 났다.

주천강에 도착하니 아침 상쾌한 공기가 코끝에 싱그럽게 내려앉았다. 적당히 흐르는 유속과 물에 젖은 듯 마른 듯 부드러운 얼굴의 바위와 물의 어우러짐이 미소 짓는 듯 보였다. 지인들과 함께 작화 작업에 돌입, 말없는 셔터 소리만이 물소리, 새소리 바람소리와 어우러져 마치 교향곡의 한 토막처럼 멋들어진 소리를 내고 있었다.

그 소리를 타고 조우(遭遇)가 내게로 왔다. 커다란 너럭바위에 흙, 바람, 물, 빛이 만나서 내 고향처럼 아름다운 마을을 이루고 있는 형상으로 내 앞에 우뚝 서있었다.

이렇게 포근하고 다감한 가슴을 한 조우를 언제 다시 또 만날 수 있을까.

(2013. 12. 8.)

연잎에 맺힌 사연

칠팔월이 되면 관곡지는 연꽃이 지천이다. 이맘때쯤이면 활짝 핀 연꽃이 생각나 이른 새벽 시흥 관곡지로 내달렸다.

이 넓은 곳에 온통 연꽃들로 꽉 메운 풍경이 장관이다.

이곳 관곡지는 시흥시 중심부에서 소래포구 사이에 형성된 넓은 평야지대에 위치하고 있다. 조선조 세조 때(1424~1483)의 명재상이며 농학자였던 강희맹과 관계가 깊은 곳이다.

평소 우리나라 농학 발전에 많은 연구와 관심을 기울였던 강희맹 선생은 세조 9년(1463년) 중추원부사로 명나라에 가게 된다. 선생은 명나라에서 돌아올 때 남경에 있는 전당지에서 연꽃 씨를 채취해 귀국한 후 하중동 관곡에 있는 연못에 시험재배를 하였다고 한다. 이때부터 우리나라에 연꽃이 보급되기 시작하였다. 최근에는 지자체에서 관광수입원으로

〈관곡지 연꽃〉

개발하기 위해 관곡지 주변 삼만여 평의 농지에 연꽃 테마공원을 조성하였다.

연꽃은 여름이 되면 아침마다 동녘 하늘을 향해 크고 흰 얼굴을 수줍게 내밀기 시작한다. 해돋이와 더불어 얼굴을 내밀기 시작한 하얀 연꽃은 그 입술에 분홍빛 립스틱을 발랐다. 활짝 핀 모습이 마치 수줍은 여인의 입술 마냥 색시하고 도도하다.

분홍색을 띤 연은 수줍은 제 얼굴을 다 내밀지 못하고 커다란 연잎 뒤에서 살며시 고개를 내민 모습이다. 연밥이 다 떨어져 나가도록 피었다 지기를 반복하는 동안에도 그 수줍음 다 떨쳐버리지 못하고 제 몸의 삼할은 숨겨 놓았다.

연둣빛 머금은 하얀 연꽃 형제는 도토리 키 재기 하듯 마주 보며 서 있다. 형님 먼저 아우 먼저 양보함인가? 아니면 서로 빨리 자라서 하늘 끝에 닿을 마음을 키우고 있음인지 알 수는 없지만 오늘 내 카메라에는 사이좋은 형제가 되었다.

어떤 연유로 해서 연꽃이 불교의 상징이 되었는지는 알 수 없으나 사찰의 연못에는 필연처럼 연꽃이 피어 있다. 최근에는 사찰 음식이 웰빙 음식으로 각광 받으면서 연꽃을 이용한 다양한 사찰 요리가 소개되고 있다.

연밥, 연근, 연잎, 연의 암술 등 어느 하나 버릴 것 없이 쓰임새가 다양하다. 한방에서는 약재로도 널리 이용되고 있다 하니 그 각양각색의 아름다움만큼이나 쓰임새도 다양하니 연꽃 피는 모습이 이리 도도하다 한들 누가 무어라 하겠는가?

무성한 잎을 헤치고 피어난 연꽃이 도도함은 칠팔월이면 극에 달한다. 이른 새벽 연성의 관곡지에는 그 도도한 모습을 카메라에 담으려는 진사님들이 몰려든다. 주말 아침 새벽녘에 도착하려면 아침은 고사하고 식구들 눈총을 뒤통수에 느끼며 나와야 하는 수고로움 쯤 거뜬히 감수해야 한다. 등 뒤에서 잡아당기는 듯한 시선들을 묵살하고 달려온 진사님들은 아마도 지금쯤 조금 전의 따가운 시선 쯤 까맣게 잊고 연꽃의 자태를 찾아 삼매경에 빠져 있을 것이다.

카메라에 얼굴을 내미는 어느 녀석은 늦잠을 잤는지 해가 중천에 떠오르는 줄도 모르고 아직 봉우리를 열지 못하고 개으름을 피고 있다. 어느 녀석은 나이가 들어 아침잠이 없어 일찍 깨었는지 헤 벌어진 모습으로 헤벌쭉 웃는 모습이 처량하다. 어느 녀석은 제 모습을 들킬까 염려되는지 수줍은 듯 연잎 뒤에 숨어 고개만 삐죽이 내민다. 어느 녀석은 못다 핀 꽃송이를 내보이려 애를 쓰지만 아직은 힘에 부치는지 바람에 살랑대는 연잎에 떠밀려 제 얼굴을 제대로 보여주지 못해 안타까운 낯빛이다.

그 넓은 관곡지의 연꽃이 600여 년의 세월을 담고 그 곳에 뿌리 내리는 동안 겪었을 숱한 사연들이 연꽃의 색깔을 바꾸어 놓았음일까? 다양한 색깔의 얼굴을 한 연꽃들은 그들 마다 서로 다른 사연으로 꽃을 피울 터이지만 누구하나 그 사연을 들어볼 생각을 하지 않는다. 연꽃이 간직한 사연들을 그저 암묵적 감상으로 간직할 할 뿐. 연꽃들이 항상 그 곳에 있음으로 해서 그 사연은 존재의 의미를 잃어가고 있음인가? 오늘도 묵묵히 관곡지의 연꽃은 지자체의 재원조달을 위해 뜨거운 태양 아래 얼굴을 태운다. (2014. 7. 5.)

그 날은 반드시 오리니

어린 나이에 안동 김 씨 등 여러 외척의 등살에
약해질 데로 약해진 왕권 확립을 위해
두 눈에 불을 켠 아버지 대원군의 섭정을 받으며
왕위를 지킨 고종은 아버지와 아내가 벌이는 권력투쟁의 정점에서
이리 치이고 저리 치이며 숱한 세월을 보내셨을 것이다.

느림보 데이(Day)

오늘 하루는 내 조급한 성격을 누르고 아주 천천히 시간을 즐겨보자고 마음먹고 느림보 데이(Day)로 정했다. 내가 소속된 합창단이 산행이 있는 날이었지만 형편상 산에는 못가고 점심시간에 맞추어서 일행들과 점심이나 먹고, 이름이 예쁜 마을인 모란에 사는 친구나 만나볼 요량으로 길을 나섰다. 오늘 나의 '느림보 데이(Day)'를 지켜줄 지킴이는 신문과 『월간문학』이다.

우리 국민들은 대체로 빠른 걸 좋아한다. 오죽하면 빨리빨리 문화라는 용어까지 나왔겠는가. 그 빨리빨리 문화가 오늘날 우리나라 경제성장의 원동력이 되었다고 하니 나쁜 것만은 아니다. 나도 예외는 아니어서 그 조급한 성격이 절대 남에 뒤지지 않는다. 대중교통 기다리는 시간이 아까워 차를 가지고 다녀야 하고, 누구를 기다리는 걸 잘 못한다. 어린 시

절에는 친구나 지인들과 약속을 하고 나가면 5분을 기다리는 것이 힘들 정도였다. 그런 나를 보고 너무 성급한 성격이라면서 여자가 그 정도도 못 기다린다고 면박을 주는 바람에 친구랑 싸운 적도 있었다. 그래서 내가 궁여지책 끝에 찾아낸 방법이 책을 들고 다니기로 하고 기다리는 동안 책을 읽는 습관을 가지게 되었다. 그 이후로는 책에 정신을 쏟다보니 기다리는 시간에 대한 아쉬움과 지루함을 덜어낼 수 있었는지 좀 나아졌다고 할 수 있다. 책에 몰입해 있는 동안은 좀 늦게 왔으면 하고 은근히 기대까지 하게 되었다.

그러나 그것도 책을 손에서 놓아 버리면 금방 사라져 버려 여전히 나는 아직도 성미가 급한 편으로 시계바늘 가는 것조차 더뎌 보일 때도 있다. 굳이 탓을 돌리자면 우리 세대가 살아온 세월이 전후 복구기여서 무엇이든지 서둘러 부지런하지 않으면 잃어버려야 했던 것들이 많은 세월이어서 사람들이 성격이 그렇게 고착되어 버렸는지도 모른다는 생각을 해 보았다.

집을 나서자 날씨가 4월말인데도 아직도 대낮 기온이 12도라니 겨울 언저리를 못 벗어나 있어서 꽤 쌀쌀했다. 더군다나 요즘 내가 부쩍 추위를 타는 탓에 옷을 잔뜩 껴입고 싶었지만 창밖에 벚꽃이 활짝 피었으니 차마 그러지를 못하고 봄도 아닌, 겨울도 아닌 어정쩡한 차림새를 하고 길을 나섰다. 항상 차를 가지고 다니던 터라 새로 생긴 분당선의 경로를 핸드폰으로 검색하고 전철역으로 갔다. 6호선과 3호선을 갈아타고 양재역에서 신분당선으로 갈아타고 세계 어디에 내놓아도 뒤지지 않을 만큼 멋지게 꾸며진 청계산 역에 내려 개찰구를 나갔다. 역명에 걸맞지 않는 모양새로 나를 맞는다. 지하철 통로에 쌀 막걸리 가판대가 쭉 놓여 있고 고객이 문전성시를 이루고 있는 모습에 아연실색하지 않을 수 없었다. 서구식으로 멋지게 조성된 역사와 어울리지 않았지만 모든 상품은 수요와 공급의 법칙에 순응할 밖에 없음인지 그곳을 찾는 등산객들에게 막걸리는 이미 필수품이 된 듯 보였다.

예전에는 양재 꽃시장 인근이라 꽃을 키우는 비닐하우스가 밀집해 있던 곳에 지금은 우리나라에서 가장 비싼 보금자리 주택이 지어지고 있어 공사장으로 변해 주변이 어수선하였다. 말이 보금자리주택이지 수억을 호가 하는 그 주택이 과연 서민들이 들어 갈 수나 있는지 하는 오지랖 넓은 염려가 내 가슴을 답답하게 만든다.

집을 떠날 때와는 달리 기온이 높아졌는지 따사로운 햇빛 때문인지 꽤 따스한 느낌이 온 몸으로 전해져 옴을 느낄 수 있어서 저절로 어깨가 쭉 펴진다.

신문은 전철에서 이미 다 읽은 터라 지인이 읽으라고 준 『월간문학』을 다시 만져본다. 오늘이 아니면 읽을 시간이 여의치 않을 것 같아 특별히 챙겨 어 온 터다. 책을 펴고 예전처럼 느릿한 걸음을 걸으며, 읽으며 약속된 장소로 향했다. 오가는 행인들이 많았지만 나들이를 나온 사람들이라 조급함이 없어서인지 책을 읽으며 걸어가는 나를 피해 주었다. 이럴 때 느끼는 뿌듯함이란 무엇에도 비길 수 없다. 시내에서 같으면 뭐 이런 사람이 다 있느냐는 표정으로 쳐다보며 눈총을 주었을 사람들인데 따뜻한 봄 날 산을 오르는 사람들에게는 아무런 문제가 되지 않는 것이다.

15분이면 닿았을 곳을 나의 느림보 작전 탓에 30분은 족히 걸린 후에나 도착했다. 서투른 길이라 일찍 나선 길이긴 했지만 정시에 도착했는데도 후발 주자들은 보이지 않았다. 시간을 보낼 요량으로 청계산 초입에 자리 잡은 아웃도어 매장에서 할인상품을 이리보고 저리보고 하다가 50%나 할인 한다기에 진달래 빛 점퍼도 하나 샀다.

오늘은 내가 느림보 데이(Day)를 작정하고 나선 걸 지인들도 아는지 산에 오른 사람들이 2시에 약속을 하였는데 3시가 지나서야 들어왔다. 산 공기를 흠뻑 마신 그들도 나도 서로 미안타 소리조차 할 필요가 없어진 탓에 그저 악수하고 웃음을 나눈다. 모두들 지평이라는 곳에서 생산된다는 달콤한 맛의 막걸리에 빈대떡, 파전이 곁들여진 점심상에 둘러앉아 파안대소하기 바빴다.

조금 더 앉아 있었으면 싶은 마음을 뒤로하고 지인들과 헤어져 다시 신분당선을 타고 모란역을 향하였다. 작년에 보고 못 만났던 친구와 전화로 한번 보자 소리만 연발하던 친구를 만나러 가는 길이다. 분당시가 조성되던 25년쯤 전에 잠간 들렀던 기억이 모란에 대한 내 기억의 전부이다. 그때에는 아주 시골스런 분위기가 물씬 풍기던 장터로 내 기억 속에 남아있다. 여섯시쯤 도착한 모란역 인근은 주말이어서인지 내온사인이 불야성을 이루고 행인들이 번잡하기 그지없었다. 하긴 강산이 변한다는 10년이 두 번씩이나 지나 세 번이 다가오고 있으니 당연한 일이긴 하다.

오랜만에 만난 친구는 마치 어제 만난 듯 친숙하게 다가와 손을 잡고 그가 운영하는 가게로 가서 이런 저런 수다가 늘어지다 보니 어느새 열 시가 되어가고 있었다. 그 친구는 일어서는 나를 붙잡고 다시 카페로 가더니 달콤한 케이크와 따끈한 우유를 들고 왔다. 그 달콤함을 곱씹으며 다시금 이야기꽃이 이어졌다.

막차가 11시 40분이라며 붙잡는 친구를 뒤로하고 다시 분당선에 몸을 실어 왕십리역으로 향했다. 역에서 전철을 기다리며 20여 분, 마을버스를 기다리며 10여 분, 집에 오니 자정이 넘었다. 집에 오는데 자동차로는 40여 분이면 족했을 거리를 두 시간을 보낸 것이었다. 마을버스에서 내려 집으로 밤길을 걸어오는데 지하주차장에서 올라오는 기분과는 사뭇 다른 묘한 기분이 들었다. 늦은 밤 봄바람, 얼굴을 간질이는 향긋한 바람 내음이 오늘 나의 '느림보 데이'를 칭찬해 주는 것 같아 마음이 흡족해졌다.

(2013. 4. 27.)

해 후(邂逅)

누군가를 만난다는 것은 참으로 가슴 설레고 기쁜 일이다. 그 만남이 오랫동안 뜸했던 절친한 친구, 아름다운 추억을 공유한 벗과의 조우라면 더할 나위 없으리라. 그 친구와의 뜻밖의 만남은 혈관이 터질 듯 절정으로 피가 끓을 수밖에 없었던 시절의 기억들을 상기시킨다.

서대문구 충정로 허름한 기와집의 작은 방, 우리들의 꿈을 안고 뒹굴던 곳이다. 세월은 유수 같이 흘러 어느새 우리는 초로의 할머니가 되어 가는 중인데도 그 시절의 일들이 마치 어제처럼 선명하다. 우리들의 기억 속 그 시절이 가슴 속 깊이 새겨져 있기 때문일 것이다. 셋이 누우면 등이 벽에 닿아버려 한 겨울 차가움이 등을 타고 흘러 뼈 속까지 시리게 했던 곳이다. 그런 곳이긴 해도 미래를 위한 아낌없는 투자라 여기며 어렵사리 살아내던 곳, 그래도 그 곳은 꿈과 낭만이 가득했다.

TV도 귀한 시절이라 그도 없으니 지지직거리는 값싼 라디오 음악 방송과 늘어진 음악 테이프가 우리들의 유일한 문화생활 이벤트이다. 그 음률에 몸을 맡기고 머리는 밀린 공부에, 독서가 끝나면 어느새 시간은 자정에 육박한다. 유신시대이니 강력한 야간 통행금지가 시행되던 때이다. 직장에서 대부분 12시간 이상을 근무하고, 한 달에 한두 번쯤 쉬는 직장생활을 해야 했지만 퇴근 후 시간만큼은 절대로 양보할 수 없음이다. 통금 사이렌이 울리기 5분전 쯤 되면 군것질 좋아하는 C는 가게 문 닫을 때가 됐다며 아쉬움이 가득한 눈으로 우릴 쳐다본다. 누구랄 것도 없이 후다닥 뛰어나가 과자 봉지를 집어 들고 달리다 보면 꼭 대문 앞에 발을 디딜 때 쯤 통금 사이렌 소리와 호각소리가 마치 유령처럼 달라붙는다. 그렇게 사들인 과자는 그 맛이 세상의 어떤 단어로도 형용할 수 없다.

밤이면 한 번쯤 연탄을 갈아줘야 따뜻한 밤을 보낼 수 있으니 당번인 날은 졸려도 기다리거나 자던 잠을 멈추고 일어나야 하는 번거로움 쯤은 감수해야 했던 시간이다. 한 개의 이불은 비집고 들어가 셋이 서로 잡아당기며 살던 우리가 그 후 36년 동안을 서로 바쁘다는 핑계 아닌 핑계를 대며 손에 꼽을 만큼 만나서 밥이나 먹고 차나 마시던 그런 사이로 전락해버렸다. 스물두 살의 우리가 감당하기에 벅찼을 그런 날에도 졸린 눈을 비비며 주경야독을 한 덕에 C는 고향 제주시의 초등학교 교감이 되었다.

C가 36년이 지난 이제야 마음이 좀 넉넉해졌는지 모처럼 서울 나들

이를 온다고 한다. 그것도 며칠 간 머무를 예정이란다. 예나 지금이나 우리 집은 여전히 친구들의 아지트로 적격인지 그 중 한 명인 L이 너희 집에 가있어도 되냐고 물어왔다. 반가운 마음에 선뜻 그러자고 대답은 하였지만 나도 이젠 많이 변하였는지 더운 여름날 복닥거리는 집에서 3일을 지낼 생각을 하니 마음부터 더워졌다. 그때 보다는 경제사정도 월등히 나아지고 기계문명의 발달 덕에 시원한 에어컨이 나오긴 하지만 단촐 하게 살아 버릇해서인지 어쩐지 더위에 지쳐 제대로 해후 란걸 하기가 쉽지 않을듯해 보였다.

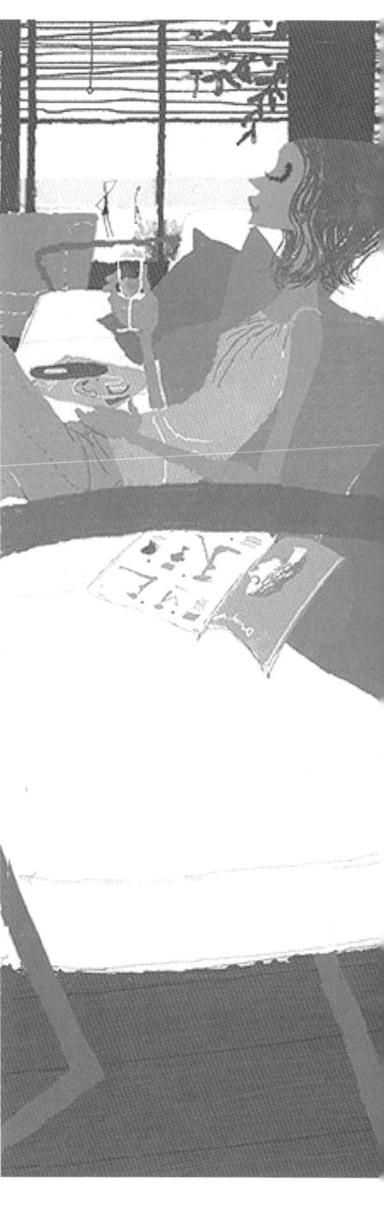

내친 김에 다시 한 번 새로운 추억 만들기 좀 해볼 심산으로 강촌의 콘도를 예약하고 떠나기로 하였다. 친구들은 앞장서서 출발하였고 꼬불거리는 46번국도 밤길을 달려 10시가 지나서야 콘도에 도착했다. 그렇게 36년만의 해후는 시작되었다. 연탄 때는 작은방이 아닌 큼지막한 콘도에 넉넉한 세월도, 마음도 함께 했다. 이게 몇 년 만이냐며 예의 그 시절 이야기가 꽃이 되어 나온다. 이야기는 끝도 없다. 마치 어젯밤 그런 저런 일들이 있었던 것 마냥 이야기는 싱싱한 생명력을 가진 채 우리 속에 남아 있었다.

C가 36만의 해후를 잠으로 보낼 수 없다며 내어 놓은 오락기구가 48장의 동양화다. 초등학교 교감씩이나 하는 사람이 그런 걸 챙겨 왔냐며 통박을 주는 내게 내일 아침 조간신문에 나도 어쩔 수 없단다. 잠을 쫓는 데는 안성맞춤이니 오늘 밤도 예전의 그날들처럼 한 번 하얗게 새워 보잔다. 대학원에서 한국화 전공을 한 C가 어쩌면 점수 내는데 전공이 큰 역할을 할지 모르니 기대하라는 엄포까지 놓는다.

사실 나는 이 그림을 잘 못 그린다. 앉아서 하는 오락을 싫어해서인지 영 취미가 없다. 지인들이 하자면 마지못해 하는 편으로 열 번쯤 돌아가면 그만하고 싶어 안달난다. 내 그림 실력이 그 정도라며 설명한다. 그렇지만 아직까지 나는 잃어 본 적은 거의 없으니 그리 알라는 협박까지 보탰지만 어림없다며 동양화 48장은 분배되고 만다.

새벽 4시가 되면 끝내기로 한 동양화 놀이는 나의 예상대로 내가 선두로 쭉 나서고 말았다. 잘 못한다고 한 것이 다 거짓말이라며 아우성이다. 4시간을 꼿꼿이 앉아서 그린 그림의 대가가 고작 5,600원인데도 그녀들은 약이 바짝 오른 모양이다. 어쨌든 선무당이 사람 잡는다는 내 예언은 여지없이 적중했다. 기분은 당연히 최고이다. 무엇이건 이긴다는 것은 기분 좋은 것이니까.

겨우 몇 시간의 아침잠으로 수면 시간은 끝내버리고 김유정 문학관을 관람하며, 교과서 속의 「봄봄」을 읽던 날들을 연상한다. 다리가 부실한

C와 나는 구곡폭포 앞 계곡물에 발을 담그고 레일바이크를 타고 오는 일행을 기다리며 이야기 속 우리들의 모습을 그려나간다. 시원한 물의 기운이 폐 속까지 전해지는 동안 우리의 이야기도 절정에 다다른다. 귀성길 강촌을 출발한 차는 '소나기 마을'을 지난다. 강한 소낙비가 차창을 때린다. 마치 소설 속 소나기처럼. 해가 지는 저녁 무렵, 북한강과 남한강이 만난다는 두 물머리 강변, 해거름이 물에 비친 수면에 우리의 모습을 비춰본다. 변해 버린 우리의 모습도 시간이 준 선물이라 여기자며 위로한다. 수면의 일렁임을 바라보며 기념사진도 몇 컷 찍는다. 두 물의 해후처럼 우리의 만남을 기리며.

이 시간도 또한 십년 후 이십년 후가 되면 또 다른 추억이 되어 우리들 기억의 창고에 남겨 지겠지. 오늘은 항상 내일을 만들어 가는 소중한 날들이니까. 36년 전 충정로의 허름한 자취 방, 우리의 꿈이 자라던 그곳이 그립다. 지금은 어떤 모습으로 변했을까? 한 번 찾아가 보고 싶다.

(2015. 8. 12.)

그 날은 반드시 오리니

그 해 시월(1897년) 황궁의 뜰에도 노란 은행잎이 날리고 있었을까? 매년 수능일이 되면 어김없이 한파가 찾아옴은 무슨 때문일까? 16년 만에 찾아온 수능한파로 덕수궁 석조전 앞의 가을바람은 차고 매섭기만 하다.

9년 전 수능일 그날도 역시 추웠다. 수능을 본다는 아들을 위해 잘하지도 못하는 요리 솜씨로 도시락을 준비하고 학교까지 아들을 모셔다(?) 드리기까지 한 날, 아들이 첫 시간 영어시험만 보고 나와 버렸다는 사실을 알게 된 것은 수능 성적을 발표하는 날이 되어서였다. 성적이 나왔냐는 물음에 얼버무리는 아들에 더 이상 매달리기 싫어서 담임선생님께 전화를 걸었다. 전화기 너머 선생님 대답에 나는 아연실색하고 말았다. "모르셨어요? 그 녀석 첫 시간만 보고 나와 버렸어요." 어이가 없어

진 나는 전화를 끊겠다는 말도 못하고 전화를 끊었었다. 가슴 뜨끔한 회한이 물밀 듯이 밀려왔다. 그런 것에까지 유전인자가 작동하는 줄 그때 알았다. 고교시절 기말 시험을 보던 내가 공부할 시간을 내지 못했던 탓에 매우 낮은 점수가 나올 듯하자 백지를 내고 나와 버린 적이 있었던 기억이 문득 떠올랐다. '그런 건 닮지 않아도 되는데' 혼잣말을 신음처럼 뱉었었다. 왜 그랬냐는 내 질문에 아들은 '내가 하고 싶은 일을 하기 위해서'라고 간단히 답했다. 커다란 절벽 밑에 혼자 남겨진 것 같았던 그때의 절망감을 잊을 수 없다. 그러나 무엇이던 다 때가 있는 모양이다. 나름대로 제 몫을 잘 해내는 어른이 되어 한 달 전 결혼을 한 그 아들의 신혼생활은 어떨까? 하는 궁금증을 키우며 덕수궁으로 갔다.

황궁이었던 석조전에 대한 아무런 사전 지식도 익히지 못한 내가 마주한 건 예의 그 국립 박물관이었다. 그렇지 않아도 예전부터 궁궐 안에 웬 서양식 건물일까 궁금하던 터였다. 그 건물이 대한제국의 황궁으로 건립되었던 곳이라 한다. 일제에 의해 미술관으로, 박물관으로 사용되었다하니 역사적 사실에 조차 문외한이었던 내가 조선의 궁궐에 웬 서양식 건물인가 싶어 씁쓰레 했던 사실이 부끄럽다.

명성왕후를 잃은 고종은 경운궁에서 조선의 자주독립을 위해 새로운 국가의 위상이 필요하였음인지 1897년 10월에 황제 국임을 천명하며 대한제국을 탄생시켰다. 아버지 대원군의 쇄국정책과 시아버지와 며느리 명성왕후와의 정권다툼, 일본의 침탈과 강권으로 피폐해진 조선의 국운을 일으켜 세우고 싶은 간절함이 담긴 선택이었을 것이다. 어린 나이에 안동 김 씨 등 여러 외척의 등살에 약해질 데로 약해진 왕권 확립을 위해 두 눈에 불을 켠 아버지 대원군의 섭정을 받으며 왕위를 지킨 고종은 아버지와 아내가 벌이는 권력투쟁의 정점에서 이리 치이고 저리 치이며 숱한 세월을 보내셨을 것이다. 황제가 나라의 국운 복원을 위한 선택의 기로에서 아버지 대원군의 쇄국정책을 의식했음인지, 새로운 국가의 황궁을 서양식으로 지어 개방된 국가임을 알리고자 하였나보다.

해설사의 안내를 받으며 들어선 접견실은 마치 유럽의 어느 궁궐을 보는 듯하다. 국가의 존립 위기를 느낀 황제께서 유럽의 여러 나라에 자신의 뜻을 알리고 싶은 의지를 그렇게 표현하였음인가? 황궁의 설계는 물론 가구며 집기 심지어 정원에 심는 나무까지도 수입하여 심었다 하니 그 조급함이 전해져 가슴이 아리다.

황제는 자신이 세운 나라 대한제국의 황궁을 유럽식으로 지어 여러 나라와 수교를 맺고 외교사절 및 외교관을 파견하여 국제관계를 공고히

하고자 하였다. 황제가 일본의 침략적 야욕과 절망감에서 벗어나고자 하는 강한 의지의 표현이었음을 느꼈다면 지나친 표현일까? 개항 이후 서양식 신문물을 적극적으로 받아들이며 부국강병을 꾀하고자 노력하여 전기, 통신, 의료, 교육, 우편 분야 등에 근대적인 담당관을 설치하는 등, 내치에도 새로운 시도를 계속하여 황제국의 면모를 일신하기 위해 노력하였다. 황제와 황태자가 복식을 서양식으로 차려 입고 군대마저 서양식 복식을 갖추어 입혀 문호개방을 알리고자 하였으니 그 절박함이 보이는 듯하다.

황제의 침실에 들어섰다. 서구식 가구와 침대, 조명등 모두가 서구식으로 지어졌다. 계획 당시에 고종의 침실로 지어졌다고 한다. 그러나 고종은 덕수궁의 함녕전에 계속 머물러 실제로 사용하지 않았다고 한다. 마지막 자존심이었을까? 부강한 나라를 만들기 위해 서양식 궁전을 짓고 서양식 접견실에서 외교사절을 맞이하고, 집무를 보면서도 침실만은 허락하고 싶지 않으셨음일지도 모른다. 타국의 눈들이 모두 잠든 고요한 밤, 황제의 침실만은 자신의 나라 옛 궁궐에서 주무시기를 고집하여 스스로를 지키려 하였음이 아닐는지.

중앙홀의 가족사진에는 단란했던 황실 가족의 모습을 볼 수 있었다. 늦은 나이에 얻은 덕혜옹주의 어여쁜 모습이 눈에 띈다. 1905년 을사늑약으로 외교권이 박탈당하고 1910년 국권마저 내주어야 했던 날 황제는 덕혜옹주의 비극을 예측인들 할 수 있으셨을까? 아버지 고종황제가 침실만이라도 지키고 싶은 마음을 가지셨듯이 덕혜옹주도 제 마음을 내어주지 못하고 한 많은 인생을 타국에서 유랑하다 정신마저 놓아버린 후에야 돌아올 수 있었음을 알았다면 황제께서 차마 눈을 감지 못하셨으리라.

2014년 10월 우리는 다시 시작했다. 황제께서 세계만방을 향해 개방된 나라임을 천명하고자 서양식 황궁을 짓고, 부국강병의 꿈을 꾸셨던 그곳을 복원하여 황제의 뜻을 되새긴다. 수능한파가 몰고 온 스산한 가을날에 석조전 황궁을 찾아 이제 때가 왔음을 황제께 알린다. 때가 되면 한파가 지나가듯이 황제께서 꿈꾸던 부강한 나라, 행복한 나라도 반드시 올 것임을…. 사진 속의 황제의 얼굴에 미소가 보이는 듯하다.

9년 전 수능 일에 시험을 포기하고 나와 버린 나의 아들도 때가 되니 철이 들고, 취직도 하고 결혼도 하여 신혼의 단꿈에 빠져 있을 것이니, 황제가 꿈꾸던 나라의 그 날도 반드시 오리라 믿는다. (2014. 11. 21.)

바람의 향기

신선하고 청명한 맑은 가을의 향기를 느끼고 싶다. 가을이 시작된 지 벌써 한 달이 지나고 있다. 창밖 하늘은 파란 비취빛으로 드높고, 나뭇잎은 어느새 초록의 옷을 벗고 유채색의 아름다운 옷으로 갈아입을 준비를 한다. 조석으로 제법 쌀쌀해진 공기가 가을을 재촉하며 동이 트는 새벽하늘마저 가을의 향기를 실어 오는 듯하다.

10월 9일 페르시아 여행을 떠나려던 계획은 속절없이 무너져 버렸나. 올 해는 무슨 살아 끼었는지 이래저래 여행은 접어야 할 모양이다. 2월에는 발목을 접 질러 오월의 크로아티아를 포기하게 하더니, 여름휴가 중 귀경길에 난 교통사고가 다시 발목을 잡았다. 자동차는 많이 망가졌지만 별로 다친 것 같지 않아 방심한 것이 화근이다. 교통사고 후유증은 시간이 지나봐야 안다더니 딱 그 짝이다. 사고 후 보름이 지나서야 시작된 통증은 20일 이상 치료를 받아도 나아질 기미가 보이지 않았다. 급기야 점점 심해지는 통증에 밤잠을 설치는 사태까지 벌어지고 나서야 병원신세를 지게 되었다. MRI를 찍고서야 발견된 증상은 골반부분과 넓적다리의 윤활낭염이라는 이름도 생소한 증세이다. 꼼짝없이 입원치료를 받아야 하는 신세가 되어버리자 여행은 고사하고 이 좋은 계절에 사진촬영도, 가을 콧바람도 포기해야 될 상황이 되고 말았다.

하반기 개강을 시작하면서 계획하였던 사진 컨셉은 바람이 영향을 받아 움직이는 풍경, 사물, 물의 흐름, 파도의 모습 등을 담아 볼 요량이었다. 머릿속에 그려지는 모습들을 스케치하고 컨셉을 잡아가고 있던 참이다. 해가 뉘엿뉘엿 넘어가는 하늘 공원의 갈대를 바람과 함께 느리게 촬영하면 어떨까? 우음도의 왕따 나무가 바람을 만나면 어떤 모습일까? 새벽녘 두물머리의 일출과 바람, 그리고 구름을 느린 셔터로 촬영하면 어떨까? 도시의 빌딩 숲, 바람이 가로수와 만나고 그 속에 사람들의 움직임을 넣어 느린 셔터로 촬영하면 어떨까? 등등 수많은 영상들이 머릿속에서 맴돈다.

10월의 황금연휴, 뉴스에는 온 산하가 사람들의 가을 여행으로 넘쳐난다. 창 밖 하늘은 왜 이리 청명하고 푸르단 말인가? 꼼짝 없이 묶여버린 내 신세가 처량해지기까지 하다. 서쪽 하늘이 물들기 시작하자 가슴은 더더욱 안타까움에 목이 마르다. 괜스레 식탁 위의 생수만 속절없이 들이킨다. 지금쯤 하늘 공원의 해님이는 얼마나 아름다울까? 그 갈대 숲, 사람들의 웅성거림이 들린다. 바람소리가 들린다. 바람의 방향에 따라 이리 저리 춤을 추는 갈대의 모습이 선연하다. 내 카메라가 지금 그곳에 있다면 정말 내가 생각하는 아름다운 영상을 담아볼 수 있을 것 같다. 아니 누구도 넘보지 못할 금세기 최고의 작품이 될 것 같은 아쉬움에 가슴만 탄다. TV에서는 하늘공원 갈대 축제에 대한 소개와 함께 해넘이로 물들어 가는 황금빛 공원의 모습을 소개한다.

가을걷이가 끝난 들판은 또 어떤가. 철원평야의 농익은 가을이 유혹한다. 홀로 된 허수아비가 어서 오라 손짓한다. 도심의 단풍은 여름 가뭄 탓에 곱게 물들지 못하고 말라 버리는 모양이다. 가을 여행을 떠나지 못한다면 올 가을 단풍 구경은 물 건너갈지도 모른다. 지금쯤 산정호수 주변을 한 시간쯤 걸을 수 있다면 오색영롱한 단풍을 만날 수 있으리라. 호수 주변이니 나무가 가뭄의 영향을 받지도 않았을 터이니 말이다. 오! 그리고 명성산의 갈대는 또 어떤가? 그 갈대 숲 또한 바람과 만나 장관을 이룰 것임이 분명하거늘….

하지만 그 어떠한 유혹에도 참고 견뎌야 하는 지금의 내가 안타까울 뿐 어쩔 수 없다. 또 무리해서 나섰다간 또 다시 병원신세를 지고 말 것임이 분명하니 어쩌겠는가? 아쉬움을 달랠 수밖에. 이 가을에 계획한 사진 컨셉은 내년에도 그 후년에도 할 수 있겠지만, 오늘의 하늘이, 바람이 내년 그 후년 그 하늘 그 바람일 수 있을지 는 알 수 없다. 그러나 오늘은 내일을 위해 나의 오늘은 견디고 참아야 함으로 이겨내리라

창문을 열자 청명한 하늘이 나를 반긴다. 향긋한 가을바람의 향기가 나를 달랜다. 부드러운 가을바람이 내일을 위하여 오늘을 아끼라 말한다. 머릿속의 갖가지 영상은 가슴속에 아름답게 그려 넣고 후일을 기약하리라. 내일은 또 내일의 아름다움이 기다리고 있을 테니까.

(2015. 10. 15.)

신의 한 수였어

주말 회사에 일이 있어 올라오지 못한 아들과 주고받은 카톡에서 아들이 보낸 문자내용이 '신의 한 수'다. 아들은 정보통신을 전공하고 졸업하는 해에 그 어렵다는 취업에 성공하여 이제 3년차에 접어든 신입사원이다. 결혼도 하였으니 이제 자기 개발을 위한 준비인지 이런 저런 문의가 잦다. 요즘 대세인 해킹보안학과 사물인터넷 관련 학문에 관심이 있는 모양이다. 내 짧은 소견이라도 듣고 싶은지 오늘 아침은 2시간째 SNS 대화가 진행 중이다. 대화가 끊기지 않게 하려고 아침도 거르고 있는 중이니 이만하면 어미 노릇 하는 셈인가? 내가 특별히 그 분야에 지식이 있어서도 아니고 그저 신문에서 본 내용에다 각 학과 검색결과에서 얻은 얕트막한 내용을 주고받는 정도인데 이리 시간이 걸리니 무언가를 선택함에 있어 관련정보를 사전 조사하고 그 이해의 폭을 넓히고 결정함이 결코 쉬운 일이 아님은 분명하다.

이십 수년전 S그룹의 이모회장은 미국의 어느 백화점 구석에 처박혀 존재조차 없는 자사 TV의 참담한 현실을 목격하고 다짐한다. S가전의 방향타를 돌리는 결정적 계기가 된 그날의 일화가 오늘날 S그룹의 자존심을 일으켜 세워준 기폭제가 되었다. 그 후 소니의 빛에 가려 무 존재의 극치였던 우리나라 백색가전은 현재 부동의 세계 1위가 되었다. 뿐만 아니라 반도체의 전망을 예상한 과감한 인적, 물적 투자는 한국인의 속도전과 맞물려 반도체와 스마트 폰의 세계적 강자가 되었다.

2015년 1월 31일자 매일경제신문 사이언스 면에는 "韓 반도체 기술력으로 제2의 힉스입자 찾을 것"[18] 이라는 표제의 기사가 K대학 최 모 교수의 사진과 함께 실렸다. CERN[19]에는 아틀라스[20]와 CMS[21] 등 4개의 검출기가 양성자 충돌을 분석하고 있다고 한다.

우주의 탄생에 대한 인간의 끝없는 호기심은 CERN을 통해 세 가지 발견에 초점을 맞추고 있다. 그 중 하나가 우주의 24%를 차지하고 있고 아직 누구도 그 정체를 파악하지 못했다는 암흑물질(Dark matter)이다. 밤하늘에서 볼 수 있는 별은 지구로부터 수천, 수만 광년 떨어진 곳에 있다. 별에서 발생한 빛이 지구로 날아오면서 암흑물질 때문에 휘어지는데 인간은 암흑물질이 무언지 아직 밝혀내지 못했다. 암흑물질도 빅뱅 이후에 생겨났기 때문에 LHC[22]에서 발생하는 입자를 분석하면 그

18) 2015년 1월 31일 매일경제 25면 참조
19) 유럽원자핵공동연구소
20) 그리스 신화 속 신이나, 본문에서는 토성의 위성 중 하나를 지칭, 검출기를 지칭
21) 양성자충돌검출기

후보를 찾을 수 있다고 과학자들은 기대하고 있다[23] 한다. 중국과 일본 등도 가세하여 수조원의 천문학적 투자를 하며 입자가속기 건설을 추진하고 있다.

현재 개발 중인 GEM(가스전지검출기)은 한국이 아니면 만들 수 없다는 평가를 받고 있다. GEM의 원천기술은 탁월한 반도체 식각기술(화학용액을 이용해 웨이퍼의 특정 부분만 남겨놓고 제거하는 기술)을 이용해야만 가능한데 한국이 이 분야에서 독보적 기술을 보유하고 있기 때문이다. 이처럼 20수년전 S그룹 이 회장의 반도체에 대한 선택은 우주의 신비를 밝히는 물리학에까지 영역을 넓혀 그 두각을 나타내고 있다고 한다. 백색가전은 물론 정보통신, 자동차등 산업계 전반을 아우르는 효과를 나타내고 있음은 말할 것도 없으니 가히 '신의 한수'라 할 만하다. 오늘날 S그룹이 이처럼 독보적인 원천기술을 확보할 수 있었던 것은 '신의 한 수'를 떠받치기 위한 전사적인 각고의 노력이 있었을 터이다. 지금도 여전히 세계의 각축장 속에서 부동의 1위를 지키고 있음은 그만큼의 노력과 혁신, 그리고 앞으로 나아감에 대한 용기가 필요하였으리라.

강원도 양양 양수발전소 지하터널 자동차로 2km에 이르는 곳, 수직 깊이 7백m 땅속의 건물에서 우리나라 유수의 과학자들은 암흑물질의 정체를 밝혀내기 위한 연구에 매진하고 있다. 반도체 식각기술 덕에 그들의 각고의 노력이 머지않은 날에 성공으로 이어진다면, 세계 최고의

---

22) 강입자충돌기(Large Hadron Collider) :우주 탄생 직후 상황인 빅뱅(big bang) 재현시켜 우주 탄생의 비밀을 알아내기 위한 실험장치.

23) 매일경제신문 2015년 1월 31일자 25면 참조

연구가 될 것임이 명백하니 '신의 한수'가 된 그날의 선택이 가져다 준 엄청난 시너지 효과가 될 것이다. 이처럼 생의 기로에 선 누군가의 미래를 위한 과감하고 용감한 선택은 자기 자신은 물론 한 나라, 나아가서 인류의 미래를 위한 튼튼한 초석이 됨은 말할 것도 없다 할 것이다.

이 아침에 나로 하여금 빅뱅이 무엇인지, 양성자 충돌이 무엇인지, 뮤온이 무엇인지를 알기위해 지식의 바다, 네이버를 휘저어 다니게 만든 아들의 미래도 이와 같을 것이다. 가수가 되겠다며 수능 날 시험도 치루지 않고 나와 버린 아들의 황당한 용기가 기가 막혀 자식을 방치한 어미가 되었다. 끝 간 데 없는 절망의 시간이었지만 내색하지 않은 기다림을 할 수 있게 해준 나의 신께 감사한다.

대한민국 군대가 총을 메고 철들게 해준 덕에 자신을 지키는 것이 무엇인지, 나라를 지키는 것이 무엇인지를 고민하도록 해준 그 철듦의 시간이 오늘 이 이른 아침에 카톡에 매달려 두 시간을 손가락으로 인생상담에 매진하게 한다. 총을 들고서야 철이든 아들은 제대 후 과감히 다니던 학교를 접고 새로 전공을 바꾼 선택이 '신의 한 수'였다 말한다. 아직 사회 초년생인 아들의 선택이 진정 '신의 한수'가 될 수 있음은 앞으로 어떻게 자신을 가꾸고 정진해 나아가느냐에 달려있을 진대, 그 나아감의 길에 어미가 한 조각의 토양이라도 기름지게 해줄 수 있었으면 하는 바람이다.

(2015. 2. 1.)

이제 다시 시작이다

'이제 다시 시작이다, 젊은 날의 생이여~' 7, 8년대를 풍미했던 전설의 DJ 고 이종환님이 노래하는 시인이라 극찬했던 고 김광석의 '이등병의 편지'의 노랫말이다. 차를 몰고 어딘가로 떠나는 날이면 어김없이 FM라디오의 음악방송에서 한 번쯤은 듣게 되는 김광석의 노래는 아직도 여전히 심금을 울린다.

시작이란 언제나 가슴 설레게 한다. 꿈을 위한 시작이라면 그것은 새로운 도전을 의미하기도 하고, 누군가와의 사랑을 시작한다면 그것은 무어라 형언할 수 없는 설렘의 시작일 것이다. 우리의 인생도 이와 같은 시작과 끝을 반복하며 이어져 왔으니 그 시작과 끝은 아직도 여전히 진행되고 있음이리라.

메르스가 전국을 강타했다. 절친한 친구가 딸을 결혼시킨다는 데 안

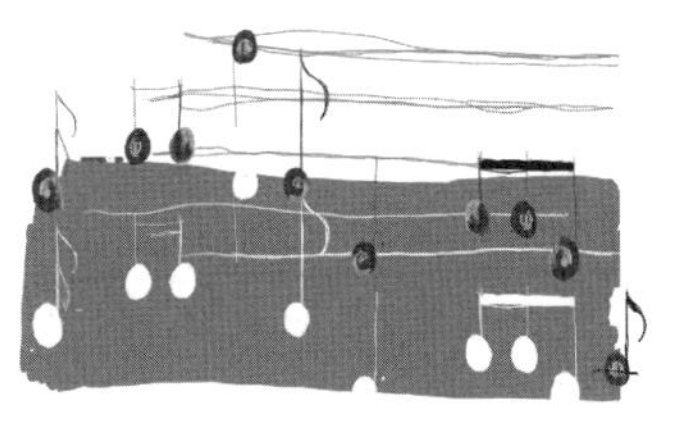

가볼 수도 없는 노릇이니 정부의 대응력을 비판하며 웬만하면 마스크 같은 것은 답답하다고 잘 쓰지 않던 나도 겁이 났는지 마스크를 세 개씩이나 챙기고 예식장으로 갔다. 메르스 때문에 하객들이 많지 않겠다던 우리의 걱정은 기우에 지나지 않았다. 식장을 꽉 메우고도 모자라 다른 곳에 예비좌석까지 마련하느라 관계자들이 분주하다. 큰일을 치루고 나면 그 사람이 그동안 어떻게 살아왔는지 안다는데 오늘 딸을 시집보내는 그 친구는 아마 그동안 잘 살아 온 듯하다.

오후 5시 30분에 시작한 결혼식은 사회자의 짧은 진행에도 불구하고, 동석에서 이루어진 연회와 함께 7시나 되어서야 끝이 났다. 동창회장인 P가 예식 끝난 후 호텔 커피숍에서 차 한 잔 하며 담소할 것을 주문하자 총무인 K가 찻값 비싸다며 제지한다. 누가 살림꾼 아줌마 아니랄까봐 이런 날까지 태클을 건다며 P의 편을 들고 나선 내 덕에 호텔 커피숍에서의 예식 후 디저트(담소)는 성사되었다. 20여 명이 한꺼번에 앉을 자리를 만드느라 법석을 떨고 나서야 길게 놓인 다탁에 둘러앉는다. 이제는 60이 다 된, 그야말로 중, 고딩 아이들 눈에는 어르신들로 보이는 늙수그레해진 동창들의 떠들썩한 담소가 시작되었다. 어떤 이의 40여 년 전 고교시절 이야기를 필두로 이런 저런 이야기가 오간다. 그런 자리에 앉으면 우리들은 나이를 잊는다. 어느새 마음은 십대 이십대 팔팔하게 팔딱거리던 청춘으로 돌아간다. 모두의 눈빛은 마치 다이아몬드처럼 빛난다. 젊은 날의 추억이 그 만큼 소중한 때문이리라.

해가 뉘엿뉘엿 산등을 타고 넘어 갈 즈음 회장인 P가 일어섰다. 오늘 먼데까지 오느라 고생했다며 바쁜 혼주를 대신해 인사한다. 특히 제주에서 온 동창들에게도 특별히 인사를 전한다. 그런데 느닷없이 P는 나를 일으켜 세운다. 지난 4월에 수필작가로 등단했다며 축하 박수를 치게 하더니 인사말을 하란다. 느닷없는 공습에 괜스레 붉어진 얼굴로 적절한 자리인지 모르겠으나 친구들의 성원 덕분에 그리 되었노라고 인사한 후 열심히 노력하여 더더욱 좋은 글 쓰도록 하겠노라고 하고 자리에 앉았다. P는 지난달에 이미 서울 동창들을 모아 놓고 등단 축하 패까지 멋들어지게 만들어 안겨준 친구이다. 같이 가는 곳마다 동네방네 소문내며 다니는지라 쑥스럽기도 하고 내심 마음이 뿌듯하기도 하여 고마운 마음과 함께 어쩌면 나도 은근히 즐기는 편이기도 하다.

이제 60을 목전에 둔 우리들은 모두 각양각색의 직업과 특성으로 이 시대의 주역에서 밀려나지 않으려고 안간 힘으로 살아 온 덕에 모두들 자신을 자랑스러워해도 될 만큼 살아낸 친구들이다. 그러나 이제 현직에 있는 친구는 몇몇 뿐이고 거의 은퇴를 하고 나니 모두가 같아진 느낌이다. 잘난 친구도, 잘생기고 예쁜 친구도, 공부 잘했던 이도 못했던 이도 모두 다 평준화 대열에 참여하게 된 셈이다. 모두 잘난 사람도 못난 사람도 없는 우리가 되어 있었다. 어쩌면 그런 우리의 모습들이 우리들을 더더욱 친근하고 끈끈하게 엮어가고 있는지도 모른다.

정겹고 따뜻한 시답잖은 이야기들로 시작된 담소는 해가 넘어가고 어스름이 짙어진 후에야 끝이 나고 집으로 돌아오는 길, 나는 이 말을 해줄걸 하고 후회했다. 내가 글을 쓰기 시작한 것은 내 생애 어느 것보다도 잘한 일이라 생각한다. 내가 꿈꾸었던 소녀 적 꿈을 이루어가고 있으니 말이다. 너희들과 함께 겪어 온 지난날들을 글쓰기를 통하여 꺼내보고 엮어보는 쏠쏠한 재미를 주기 때문이다. 오늘 마치 나를 이문열이나 황석영이 된 것처럼 자랑스러워 해준 너희 덕에 나는 더더욱 정진할 수 있을 것 같다. 그러니 너희들도 무엇이든 시작해 봄이 좋을 것 같다. 인생은 육십부터라 하지 않았던가? 시작이 반이란 말을 머지않아 실감하게 될 것인즉. 이제 우리의 나머지 인생을 새로운 무언가를 위해 시작하는 계기가 되었으면 좋겠다. 이렇게 말해줄 걸... 그들도 물론 다 잘 알고 있을 테지만 말이다.

자동차 사물함에 들어 있는 김광석의 음반을 꺼내어 CD플레이어에 넣는다. "이등병의 편지"가 다시 시작된다. "이제 다시 시작이다아~~ 젊은 날의 꿈이여~~"

(2015. 6. 7.)

칭기스칸의 꿈

격세지감이라고 하였던가. 지금의 몽고 국민들은 코리안 드림을 꿈꾸며 우리나라에서 지내는 몽고인들의 수입이 그 나라의 경제에 큰 영향을 끼치고 있다 한다. 지인의 말을 빌리면 울란바트로 시민들은 한국으로 돈 벌러 간 형제, 자매들이 붙여주는 돈으로 경제적 어려움을 극복하고 있다고 한다. 한국의 경제사정이 나빠지면 그곳에도 영향을 받는다고 하니 그 영향력이 대단한가보다.

그러나 1100년대 몽골의 칭기즈칸이 지배한 영토는 그야말로 명불허전이었다. 우리의 역사에서도 볼 수 있듯이 동쪽으로는 우리 고려의 접경지역, 서쪽으로는 헝가리, 북쪽으로는 러시아, 남쪽으로는 이란, 북인도, 태국의 북쪽지역, 그리고 지금의 스탄 자가 붙은 나라인 우즈베키스탄, 카자흐스탄, 아프가니스탄, 파키스탄 등, 바다로는 아라비아 해와

지중해에까지 칭기스칸과 그 후예들이 지배하던 지역이었다 한다.[24] 세상은, 역사는 변하고 변하는 것인가 보다. 고려시대 원나라의 침략이 제주도에까지 미쳐 항몽 순의비가 세워질 만큼 강력했던 몽고의 힘이 요즘 그 모양이 되어 우리나라의 경제적 상황조차 무시할 수 없게 되어버렸으니 말이다.

몇 년 전 연구회 연수의 일환으로 몽고에 간적이 있다. 우리에겐 얼마 안 되는 학용품과 약간의 기부금을 준비하여 울란바트로의 고아원을 방문했다. 규모가 제일 큰 곳이라는 그곳은 때마침 방학이라 시골로 모두 며칠 동안 휴가를 떠났다는데, 120여 명의 원생들이 모두 고아원으로 복귀하여 우리를 맞는단다. 부담스러운 마음에 다음을 기약하자는 우리의 태도에 질겁하며 자치단체장까지 나서서 거들었다. 그만큼 그들의 사정이 절박한 셈이다.

고아원 방문을 끝낸 후 울란바트로의 산동네에서 게르 지어주기 행사가 있었다. 우리가 지어 줄 5, 6평 정도의 게르에는 9명의 대 가족이 기거할 예정이란다. 그전에는 2, 3평 정도의 크기로 합판으로 겨우 바람을 막고 그 안에 9명의 가족이 살고 있었다 하니, 도대체 가능한 일이기나 한 것인지 의심스러울 정도였다. 이런 상황을 비추어 볼 때 몽고의 수도 울란바트로이니 시골의 살림살이는 어느 정도인지 짐작하고도 남는다. 그 옛날 명불허전의 영광을 자랑하던 몽고인들의 삶의 한 단면이니 어찌 격세지감이라 말하지 않을 수 있으랴.

---

24) www.naver.com 참조

〈파키스탄의 화물차〉

지난해 파키스탄 여행에서의 일이다. 파키스탄의 훈자 강은 산사태로 인해 거대한 아타바드 호수를 탄생시킨다. 산사태로 도로가 봉쇄되어 인근에 사는 사람들은 배로 이동하는 어려움을 겪고 있었다. 카라 코람 하이웨이[25]의 일부인 그 도로는 깎아지른 산 밑 도로로 위험하기 짝이 없다. 실크로드의 일부인 그 도로를 중국은 몇 백 킬로미터를 무상으로 도로를 정비하고 넓히며 포장까지 해준다 한다. 무언가 보상 받을게 있나보다 라며 가볍게 넘겼던 그 일이 그렇게 원대한 계획이 있었음을 몰랐다. 파키스탄의 기괴한 장식을 한 화물차가 흙과 자재를 실어 나르고, 황패하고 메마른 수 천 킬로미터의 도로를 포장하고 있음을 보며, 우리나라도 이곳에서 무언가를 해야만 할 것 같은 아쉬움, 아직은 변해야할 것들이 산적한 그곳의 개발을 선점할 기회를 놓치고 있는 것 같은 안타까움을 느꼈었다. 그렇게 사소하고 조그만 아쉬움 한 자락을 그 험난한 도로에 깔아버리고 까맣게 잊고 있었다.

25) 중국과 파키스탄을 연결하는 세계에서 가장 높은 국제도로로 중국 신장의 카슈카르에서 카라코람산맥의 험준한 고산지대를 가로질러 파키스탄의 길기트발티스탄지역까지 연결하는 1,300㎞의 도로이다.

"中, 바닷길 중동관문 4월 연다"[26] 라는 신문의 표제가 눈앞에 펼쳐지자 파키스탄의 도로공사 현장이 전광석화처럼 지나갔다. 그 험난한 현장속의 중국의 무상 행위의 이유를 이제 알 것 같다. 에너지안보 요충지 파키스탄의 과다르항 공사가 마무리 단계로 4월에 개통될 예정이란다. 중국의 오랜 숙원이었던 바닷길 중동 출구를 확보한 셈이다. 아라비아해에 접해 있는 과다르항은 중국과 중동을 이어주는 전략적 요충지 일 뿐만 아니라 산유국 이란과의 거리가 72㎞, 중동산 석유 수송로인 호르무즈 해협과도 불과 400㎞밖에 안 된다. 이 점이 중국이 파키스탄의 파괴된 도로를 무상으로 보수 해주고 건설자금을 대주며 외교적 구애를 펼친 끝에 과다르항 운영권을 따낸 이유라 한다. 과다르항에서 중국 서부 신장웨이우얼 자치구까지 연결되는 철도와 송유관 건설을 추진하고 있으며, 중국 카스에서 파키스탄의 이슬라마바드까지 1200㎞의 철도노선 또한 중국이 상반기에 착공한다하니 그 방대한 투자가 놀랍다. 이로서 중국은 인도양을 돌아 15,000㎞의 원유 수송로가 85%나 단축되고, 엄청난 수송비용도 절감하는 효과를 얻을 수 있다는 것이다. 그뿐만이 아니다. 군사적 효용가치 또한 크다. 중국이 과다르항을 해군기지화 할 경우 인도를 견제함은 물론이고 인도양으로 작전반경을 넓힐 수 있다하니 그 통 큰 투자의 이유가 가히 놀랍다.

천 년 전 칭기스칸의 기마병이 이끄는 군대는 그 영토 확장이 아라비아 해에까지 이르렀다. 중국사에는 원(元) 태조(太祖)로 기록되어 있는 몽고의 위대한 영웅 칭기스칸의 발자취를 따라가고 있는 것 같다.

---

26) 2015년 2월 23일자 매일경제신문 A2참조

중국의 손길이 벌써 아라비아 해에까지 다다랐다. 유럽과 러시아는 물론 아라비아 해까지 나아갔던 칭기스칸의 기마병처럼 빠르고 통 크게 나아갔으니 그 발 빠른 대처가 가히 칭기스칸의 용맹함과 빠름에 비유할 만하다. 몽고 국민들이 제일 싫어한다는 중국이 몽고 국 징키스칸의 발길을 따라 나아가고 있으니 그 꿈이 중국의 꿈이 되고 있다. 중국이 동북공정[27]이라는 연구과정을 통해 우리의 역사를 중국의 역사라고 우기려는 것처럼 칭기스칸의 꿈마저 중국의 꿈이 되는 것은 아닐까? 하는 의심이 앞서는 것은 괜한 기우일까?

끝도 없는 초원을 달려 찾아간 몽고의 세계자연유산인 테를지 공원은 그 아름다움이 말로 다 할 수 없을 정도이다. 그 광활한 초원을 칭기스칸은 달리고 달려 지중해에까지 나아갔을 것이다. 두려움 반 호기심 반으로 시작된 말 타기 체험은 시간이 지나자 제법 달리는 모양새까지 취하였다. 초록 빛 끝없는 초원을 달리는 기분은 마치 광대한 대륙의 영웅 칭기스칸이 된 기분이었다. 잠깐 동안의 체험마저 이런 기분을 느끼게 하는데, 과다르항까지 나아간 중국의 꿈은 과연 칭기스칸의 꿈을 훔치고 싶은 것은 아닐까하는 생각에 고개가 갸우뚱해진다. 중국의 경제적 힘이 대륙을 지배하게 되는 그날 우리의 경제상황 또한 걱정된다. 우리도 누구도 넘보지 못할 만큼의 힘을 길러 지금의 괜한 기우가 현실이 되지 않기를 간절히 바랄 뿐이다. (2015. 2. 27.)

27) 동북공정은 동북변강역사여현상계열연구공정(東北邊疆歷史與現狀系列研究工程)의 줄임말이다. 우리말로는 '동북변경지역의 역사와 현상에 관한 체계적인 연구 과제(공정)'이다. 간단히 말해 중국의 국경 안에서 전개된 모든 역사를 중국의 역사로 편입하려는 연구 프로젝트이다.

이 가을엔…

가을이 저만치 가고 있다. 벌써 11월이니 가을이 떠날 때가 되었나보다. 어느 비 오는 가을날, 노란 은행잎으로 곱게 물든 안암천을 센 강이라 이름 짓고, 보문 2교를 미라보 다리로, 보문 3교를 퐁네프다리라 명하여 나만의 가을을 즐긴다.

센 강의 은행잎이 황금빛이 되어 흩날릴 때가 되면 어김없이 가을비는 찾아온다. 특별한 계절적 요인이 있는지는 알 수 없으나, 센 강가 양옆으로 나란히 늘어선 은행나무가 샛노란 황금빛을 내기 시작하면 가을비는 은행나무와 약속이라도 한 듯 영락없이 찾아와 그 아름다움을 절정으로 치닫게 한다.

올 가을은 이런 저런 이유로 가을 나들이 한 번 못해 보고 넘어감이 못내 아쉬운 나에게 센 강가의 은행잎은 끝없이 유혹의 손짓을 한다. 몇

〈창경궁을 거닐며〉

번이고 창밖을 처다 보며 참고 또 참는다. 그래도 어쩔 수 없다. 비까지 오는 가을날이 나를 더욱 갈등하게 한다. 교통사고 후유증이 악화 될 것이 염려되긴 하였지만 견딜 수 없는 유혹에 넘어가버린 내 발 걸음은 어느새 창경궁 앞으로 가고 말았다.

가을비는 제법 그 빗줄기를 키웠다. 기왕 나선 길, 빗줄기 세기에 주눅들 나도 아니지 않은가? 등산용 우의로 중무장을 하고 카메라와 삼각대를 들고 창경궁의 가을을 접수하기 시작한다. 빨갛고 노란 단풍나무의 화려한 어울림을 영상으로 잡는다. 비를 맞은 단풍잎은 진한 유채색의 유화가 된다. ND필터를 끼우고 장 노출로 비에 젖은 단풍나무 잎과 바람의 아름다운 조우를 찍는다. 청색의 우의 위로 때구루루 떨어지는 빗

방울 소리를 들으며 "철거덕" 하고 셔터를 누른다. 일, 이, 삼, 사 오…. 숫자를 세어가며 시간을 잰다. 2분, 5분, 10분, 브라켓팅 촬영[28]을 한다. 이런 경우의 노출 시간은 그저 짐작으로 정한다. 시각을 달리하여 촬영된 영상은 나뭇잎의 흔들림이 마치 유화처럼 되리라 기대하며 셔터를 누른다. 처음에는 노출 시간이 너무 짧았는지 새카만 화상이 되고 만다. 한 번, 두 번, 세 번, 생각처럼 쉽게 얻어지는 것은 아닌가보다. 수 차례의 거듭된 촬영에도 기대한 영상은 얻을 수 없다. 몇 컷 찍지도 않았는데 시간은 벌써 두 시간을 넘기고 있다. 초조해지기 시작한다. 왜 그러지? 바람이 너무 약한 것이 원인이기도 하다. 비 오는 날은 대개 바람을 동반하지만 오늘은 바람이 그리 세지 않으니 기대하던 영상은 못 얻을지도 모르겠다.

비 오는 창경궁의 뜰은 드문드문 방문객이 있긴 하지만 한적하고 고즈넉하다. 우산을 들고 나선 연인, 친구들과 나들이 나선 중년의 벗들. 노년을 즐기고 있는 우산 속 부부의 모습이 한결 다정해 보인다. 아마도 비 때문이리라. 빗속의 그들은 연인이 되어, 부부가 되어, 친구가 되어 더욱 다정한 모습이 된 듯하다. 어떤 이는 나처럼 혼자 나선 이도 있다. 고독해 보이기도 하고 자유스러워 보이기도 하다. 내 눈에 비친 그들의 모습이 어떤 모습이건 그들은 그들 나름대로의 삶이, 자유가 있을 터이지만 말이다.

유독 비 오는 날을 좋아하는 나도 오늘 또한 기꺼이 빗속의 여인이

28) 같은 영상을 노출 값 등을 달리하여 여러 번 찍는 것

되리라. 비 오는 날이 주는 감흥은 내게 특별하다. 초등학교 시절의 어느 비 오는 날, 골목길 물도랑의 물길을 바꾸고 흙을 빚어 작은 돌맹이를 쌓아 올린 후 나뭇가지를 얹어 아름다운 나만의 마을을 설계했었다. 학교에서 20여 분은 족히 걸어가야 하는 집으로의 길은 우산이 없어 비에 젖을까 염려된 책보는 가슴에 끓어 안고, 생애 처음 신어본 운동화가 젖을까봐 책보에 싸 메고 맨발로 집으로 가던 날 또한 아름다운 영상이 된다.

20대의 생기 넘치는 어느 여름날, 남자 친구와 이별하고 장대비가 쏟아지는 빗속을 우산도 없이 걸어갔다. 지나치는 이들이 이상한 눈으로 끌끌 혀를 차며 처다 보던 날의 기억은 아프고 슬펐지만, 지금은 아름다운 추억이 되었다. 카메라 셔터를 누르는 동안 내 머릿속에는 비 오는 날의 내 인생의 단면들이 주마등이 되어 하나씩 하나씩 꼬리를 물고 지나간다. 그 기분이 달콤하여 혼자 살그머니 웃는다.

카메라를 들고 한가하고 넉넉해진 마음으로 천천히 걸어가는 내 눈앞에 낯선 외국인이 다가 온다. 순간 긴장감이 인다. 영어로 말을 걸면 어쩌지? 잘 못하는데. 혹시 이 궁궐에 대해서 물어보면 어쩌지? 안내문에 다 있을 텐데. 그래도 물어보면 어쩌지? 머릿속의 온갖 영어 단어들을 다 떠올린다. 점점 더 가까이 다가온다. 갑자기 주눅이 드는 것 같은 기분이다. "저 괜찮으시면 우산이랑 옷이 단풍과 아주 잘 어울리는데 저쪽에서 한 번 걸어 주시면 안 될까요?" 파란 눈의 아저씨는 유창한 우리말로 부탁한다. 그러고 보니 카메라를 들었다. 사진작가인 모양이다. '휴우' 괜히 긴장했다 생각하며 기꺼이 모델이 되어 주었다. 사진을 보여준다. 색감이 역시 좋다. 비 오는 날의 가을 색은 역시 아름답기만 하다. 셀프 촬영 기능을 누르고 나도 한 컷 찍었다. 단풍사진을 찍고 멀어져가는 벽안의 사진작가를 뒤로하고 오늘부터라도 영어공부를 다시 해보자고 다짐해 본다. 설령 작심삼일이 될지라도.

바람이 불기 시작한다. 황급히 다시 카메라를 장착한다. 계단 옆으로 오색 단풍나무 한 그루가 화려하게 서있다. 장 노출의 셔터를 누르자 갑자기 바람이 휘몰아친다. 촉촉이 젖은 계단과 단풍잎의 흔들림은 마치 물감을 뿌려 놓은 듯, 한편의 유화가 되어 간다. 물론 완벽하지 않지만 그래도 내가 원하는 영상을 시늉은 낸 샘이다. 어찌 한 입에 배부르랴. 한 컷 두 컷 찍다보면 어느 비 오는 가을 날 나는 기필코 내가 원하는 사진을 만날 수 있으리라. 이 가을엔, 그 날을 위해 시작함으로 만족하리라. 가을의 끝자락에 선물처럼 내린 가을비가 촉촉한 사진 한 장을 선물한다.

빗줄기가 점점 가늘어진다. 이제 가을비에 흠뻑 젖은 보문동의 세느 강가로 가보리라. 영화 '퐁네프의 연인들'처럼 카메라와 함께 아무것도 가지지 않는 아름다운 가을의 연인이 되어 보리라. 또 다른 가을에 유화처럼 부드럽고 아름다운 사진과 다시 만날 것을 기대하며 이 가을을 보낸다.

(2015. 11. 15.)

영화 속으로

영화 속의 그녀가
또 다시 자식을 위해 자신을 비려야 할 상황이 되었을 때
서슴없이 자신을 내려놓는 것을 주저하지 않았듯이
내 앞에 그런 상황이 일어난다면 나도 그럴 수 있을까?
고민하게 한다. 그런 상황이 도래하였을 때
영화 속에서처럼 내 이기심을 온전히 버리고
자신을 내어 놓을 수 있을지 알 수 없다는 것이
솔직한 나의 변이다

'수상한 그녀'처럼 될 수 있다면

영화 '수상한 그녀'의 인생처럼 우리가 되돌리고 싶은 어느 순간으로 되돌아가 인생을 다시 살 수 있다면 지금보다 더 행복할까? 우리가 되돌이표 인생을 살 수 있을 것을 안다면 오늘 내 시간에 최선을 다할 수 있을까? 영화를 보고나서 머릿속에서 사라지지 않는 의문의 꼬리이다.

내가 '수상한 그녀'가 된다면 무엇을 잃고 무엇을 얻을 수 있을까? 삶이란 항상 양면성이 공존하게 마련이다. 무언가 얻는 것이 있다면 잃는 것도 있을 것이다. 실이 있으면 득도 있게 마련인 것이 우리가 살아가는 동안 겪게 되는 필연적인 상황일 것이라는 생각이 든다.

80년대 매출 5억 원짜리 신생 회사의 1호 사원이었던 내가 전국의 신도시 건설 현장마다 쓰일 자재구매를 위해 매일 청계천을 오가던 시절이 떠오른다. 지금은 우리 회사가 지명도가 꽤 높아져서 대기업에서도

현장까지 원부자재를 배송해 주는 것은 물론 거래하고 싶은 기업 선호도에서 꽤 높은 자리를 차지하게 되었다.

그 시절에는 원부자재를 싣고 일일이 현장을 누벼야 했던 때이다. 힘들고 고달팠던 시절이지만 지금 생각해보면 꽤 낭만적인 시절이기도 하다.

목동신시가지 조성이 한창이던 때로 기억된다. 현장에 갔다가 갑자기 비가 쏟아지는 날이면 진출입로는 진흙탕이 되어 버린다. 현장 진입로를 나오느라 명동에서 새로 산 빨간 하이힐이 진흙탕에 빠지고도 모자라 발목까지 진흙탕물이 차오르는 날이 허다했다. 그런 날은 현장 입구에 있는 수돗물에 연결한 고무호스로 물을 뿌려 흙탕물을 씻어냈다. 흙탕물을 간신히 없앤 젖은 하이힐을 신은 채로 큰길에 나와 택시를 잡아탄다. 그런 내 모습을 훔쳐 본 기사 아저씨가 집 나온 여자인줄 아는지 흘끔 흘끔 처다 보는 모습에 그 아저씨의 머릿속을 상상하며 빙그레 웃었다.

그렇게 돌아다녀야 하는 내 업무 덕에 시간은 좀 자유로운 편이었다. 가끔 혼자 가는 서울극

장의 근무시간 영화보기는 낭만 중 낭만의 진수였다. 물론 근무시간이니 혼자였다. 회사원들의 상하관계가 엄격했던 그 시절에 남자가 해도 벅찼을 업무를 해내야 했던 나에게 주워진 묵시적 보너스였던 셈이다. 하기야 요즘처럼 핸드폰이 있던 것도 아니니 늦어지면 시장조사를 한 것이고, 현장에 다녀왔다고 하면 되었다. 그래도 업무를 지연시키거나 펑크낸 적은 없으니 들통 난 적은 별로 없었던 것 같다. 어쩌면 조그맣고 어린 처녀가 애쓰는 모습이 안타까운 마음에 알아도 모른 척 했을지도 모른다.

그 시절을 떠올리며 오늘 나는 혼자 영화를 보았다. 영화를 좋아하는 내가 친구나 식구들이랑 시간을 맞추는 게 영 불편해서 한참 동안을 영화 관람을 못했던 게 못내 아쉬웠던 참이다. 그래서 이제는 혼자 보기로 마음먹었다. 처음은 조금 쑥스럽겠지만 혼자 등산하는 것처럼 홀가분하고 산뜻할 지도 모른다는 생각이 들었다. 내 취향대로 골라 볼 수 있으니 금상첨화가 아닌가.

사실 나는 갱스터 무비인 '황야의 무법자', '007', '붉은 전함' 같은 남성적인 영화를 좋아한다. 좋아하는 배우도 숀 코네리, 스티브 맥퀸, 제임스 코반, 로버트 드니로, 안소니 홉킨스 같은 선이 굵고 개성이 강한 배우를 좋아한다. 한동안은 숀 코네리가 나오는 영화면 무조건 본 적도 있다. 그런 강한 장르의 영화를 좋아하는 편이어서 사실 여자 친구들이랑은 취향이 잘 맞지 않을 때도 많다. 그러나 최근에는 나도 많이 변했는지 영화 고르는 패턴이 많이 바뀌어서 편하고 재미있는 영화가 좋아지기 시작하는 편이다.

오늘 본 영화는 '수상한 그녀'이다. 1000만 관객을 동원할 예정이라니 질적인 측면은 검증되었다고 보아 골랐다. 요즘 우리나라 영화가 정말 많이 좋아졌다. 예전에는 솔직히 우리 영화가 구성이 엉성하고 싱거워 보여서 외국영화만 보던 내가 요즘 많이 뉘우치고 있다. 스토리도 탄탄하고 연기력, 구성, 무엇하나 나무랄 데가 없어졌으니 한류 붐이 일어나는 것은 당연하다는 생각을 하게 된다. 하기야 최근에는 각종 국제영화제에서 수상도 하고, 동남아는 물론 유럽이나 미주에서도 우리 드라마나 영화의 인기가 만만치 않다니 자부심을 가져볼 만하다.

영화 '수상한 그녀'의 스토리는 60년대 국가 경제의 원동력이 되었던 파독광부의 아내에 대한 이야기로 시작된다. 돈을 벌기위해 독일광부가 되어 떠난 남편은 몇 달 만에 한 줌의 재가 되어 돌아오게 된다. 뱃속의 아기 때문에 죽음조차 택할 수 없었던 한 여인은 유복자를 낳아 갖은 고생 끝에 국립 대학교 교수를 만든다.

그러나 아들자랑에 자신만만하던 할머니는 어느 날 노인요양원으로 갈 수 밖에 없는 상황을 맞이하게 된다. 자신에게는 절대로 오지 않을 것 같았던 현실에 직면하게 됨을 절망하며 영정사진을 찍기 위해 찾아 간 곳이 청춘사진관이다. 그런 끝도 없는 절망의 순간에 사진가의 카메라 플래시가 터지면서 할머니는 50년을 훌쩍 되돌아가 20대의 꽃다운 아가씨가 된다. 당혹스럽고 황당한 자신의 모습에 놀란다.

그러나 그 놀람도 잠시 할머니는 변해버린 자신의 모습으로 살아보기로 한다. 그 모습인 채로 손자와 아이돌 그룹의 보컬리스트가 되어 성공도 하고, 사랑도 하며 슬프지만 폼 나는 인생을 살아간다. 어려운 시절 탓에 하고 싶은 것들을 포기해야 했던 그녀가 하고 싶은 것들을 하면서 살아가게 된 것이다.

손자를 성공시키기 위해 손자가 작곡한 노래를 부르게 된 가슴 벅찬 공연을 하게 된 날 손자는 교통사고를 당하게 된다. 사경을 헤매는 손자를 살리기 위해 젊은 20대 할머니의 빛나는 인생은 막을 내리게 된다. Rh-형인 손자를 살리기 위해 할머니는 손자에게 수혈을 해야 했던 것이다. 극중에서 50년이 젊어진 할머니는 피가 나면 다시 외모가 늙어버린다는 설정이었으니, 손자를 위해 수혈을 하는 것은 또다시 수상한 그녀가 젊은 시절 아들을 위해 자기를 버렸듯이 꿈같이 주워진 젊음을 버려야 하는 상황이 되는 것이다. 그러나 할머니는 손자를 위해 서슴없이 자신의 젊음을 버리기로 한다. 우리네 어머니들이 자신의 삶 따위는 생각할 겨를조차 없이 살아 온 삶의 전형일 수밖에 없는 희생정신의 모습이다. 평생을 그녀 '아가씨'만을 짝사랑하며 살아온 박 씨의 만류도, 그토록 사랑하던 애틋한 아들의 만류도 뿌리치고 자신의 변화된 삶을 손자를 위해 버리기로 한 것이다.

영화는 관객을 위하여 70년 대 김정호의 히트곡 '하얀 나비'를 편곡하여 부른다. 젊은 나이에 하늘나라로 간 김정호의 슬픈 노래는 20대의 신세대 배우가 불러도 여전히 슬프고 아름다웠다. 관객은 모두 숨죽여 울었고, 나 또한 하염없는 눈물에 손수건 좀 적셨다. 코믹하고 유쾌한,

내 나이만큼을 살아낸 사람들이 보면 부모님 생각에, 자식 생각에, 자기 자신 생각에 만감이 교차했을 법한 영화이다. 그 영화는 작금의 우리나라의 노인문제를 포함한 사회현상을 꼬집는 것도 잊지 않았다. 70대 이상의 어르신들의 삶의 애환도, 4~50대 중년들의 삶의 애환도, 팔팔한 청춘 20대의 다이내믹한 삶의 패턴도 감명 깊게 표현해낸 오늘의 혼자 보기 영화는 30년 전에 혼자 보던 쓸쓸한 재미를 재현하기에 부족함이 없었다.

더욱 중요한 것은 거기에 나온 주인공의 설정이 언젠가 머지않은 날에 현실이 될지도 모른다는 생각을 하게 한 점이다. 신약개발과 생명공학, 각종 관련 산업의 급속한 발전은 예상치 못한 상황을 만들어 주고 있다. 어느 날 내가 쭈글쭈글한 할머니가 되었을 때, 누군가 발견한 주사 한 방의 효과로 영화에서처럼 잠시 동안 20대로 또는 30대로 돌아가서 살아 볼 수 있는 세상이 도래 할지 누가 알겠는가? 그렇게 된다면 좋을지 나쁠지 그런 것은 지금 알 수 없다. 재미있을 것 같다. 아니 어쩌면 엄청난 부작용을 만들어 낼지도 모를 일이다.

불현듯 70년대 말 생생하게 기억나는 신문기사가 생각난다. 내가 서울에 올라와서 두어 달쯤 지난 후였던 걸로 기억된다. 중앙일보 3면 왼쪽 조그만 박스 안에 컴퓨터에 관한 기사이다. 그때는 그 기사가 지금의 컴퓨터에 관한 기사인줄 몰랐다. 이러저러한 장치가 발명되어 머지않아 이러이러한 시대가 도래 할 것이라는 기사로 가슴을 두근거리게 하였지만 현실이 될 것이라고는 생각해내지 못했다. 그 기사를 읽을 때는 꿈같이 신기하고 절대 실현 될 것 같지 않던 그 기사의 내용이 지금은 생필품이 된 PC일줄 꿈에도 몰랐었다. 물론 내가 그 분야에 문외한이었던 탓도 있다. 아마도 그때는 대다수가 문외한이었을 것이란 생각은 나만의 생각일까?

미래는 정말 누구도 알 수 없다. 물론 과학자, 미래학자, 예언자 등등 식견과 지식이 풍부한 선각자들을 통해서 냄새 정도는 맡을 수 있을 것이다. 그러나 그걸 장담할 수 있는 사람 몇이나 될까 의문이다. 그러니 어느 날 내가 다시 20대로 돌아간다면 나의 삶은 어떨까? 수상한 그녀가 젊은 시절 예측할 수 없는 미래에 대한 두려움 따위조차 생각할 겨를도 없이 살았듯이, 우리의 삶도 그러하였다. 영화 속의 그녀가 또 다시 자식을 위해 자신을 버려야 할 상황이 되었을 때 서슴없이 자신을 내려놓는 것을 주저하지 않았듯이 내 앞에 그런 상황이 일어난다면 나도 그럴 수 있을까? 고민하게 한다. 그런 상황이 도래하였을 때 영화 속에서처럼 내 이기심을 온전히 버리고 자신을 내어 놓을 수 있을지 알 수 없다는 것이 솔직한 나의 변이다. 다행히 인생에 되돌이표는 없다는 것은 진실임에 틀림이 없을 것이다. 그러니 내가 영화 속의 그녀처럼 다시 젊은 시절로 되돌아 갈 수 없으니 이런 고민 따위가 무슨 소용이겠는가? 설령 그런 세상이 온다 해도 여전히 나는 나이고 과거도, 현재도, 오늘 내 시간을, 내 삶의 매 순간 순간을 최선을 다하여 살아가면 그만일 것이란 생각으로 어이없는 고민은 접기로 했다. (2014. 2. 8.)

중용 23장을 기억하라

사극을 유난히 좋아하는 나는 오늘 영화 '역린'을 보았다. 영화는 우리나라 여자라면 노소를 불문하고 누구나 좋아한다는 현빈이 주연한 영화이다. 첫머리에 등장하는 정조 임금역의 현빈은 반대파인 정순왕후로부터 자신을 지켜야 함을 알린다. 몰래 자신의 몸을 단련시키는 모습을 보이며 멋있게 다듬어진 등근육과 식스 팩을 여과 없이 보여주고, 모래주머니를 달고 다니는 모습을 보이며 관객의 애심을 자극한다. 이 나이가 되어서도 그런 풋풋한 등 근육을 가진 배우를 좋아해도 되는지 모르지만 연예인이니까….

영화 역린은 노론벽파인 정조의 나이 어린 할머니 정순왕후가 정조를 죽이기 위해 일으킨 정유정변의 24시간을 다룬 영화이다. 역린(逆鱗)의 뜻은 용의 턱밑에 거꾸로 난 비늘을 뜻하는 말로, 그것을 건드린 자는 용의 노여움을 사 죽는다고 알려져 있으며, 역모를 꾀한 자들에 대한 왕의 분노와 그들을 제압하여 왕권을 강화하려는 정조의 노력을 그려냈다.

정조는 조선 22대 왕으로 조선중기 할아버지인 영조와 더불어 조선중기 문화의 르네상스를 이룬 왕이다. 진리란 동서고금을 막론하고 변함없이 우리의 삶에 큰 영향을 주고 있음에 틀림이 없다. 1775년 성리학의 대가였던 정조 임금은 실사구시를 중시하는 실학으로 그 시대를 다스리고 살아가는데 중요한 모토로 삼았다. 정약용 등 실학자들을 육성하였으며, 탕평책을 실시하여 시파와 격파를 고루 등용한다. 서얼을 등용하여 신분상 제약을 타파하였으며, 기중기를 이용하여 수원 화성을 축조하는 등 많은 업적을 남긴 왕이다. 그런 훌륭한 업적을 남긴 왕임에도 불구하고 정조는 재위기간 동안 정순왕후를 등에 업은 노론벽파의 집요한 제거 움직임에 시달린다. 일설에 의하면 정조의 죽음은 오랫동안 반대파의 약물투여로 서서히 죽어갔다는 설이 있을 정도이다.

> "작은 일도 무시하지 않고 최선을 다해야 한다. 작은 일에도 최선을 다하면 정성스럽게 된다. 정성스럽게 되면 겉에 배어 나오고, 겉에 배어 나오면 겉으로 드러나고, 겉으로 드러나면 이내 밝혀지고, 밝혀지면 남을 감동시키고, 남을 감동시키면 이내 변하게 되고, 변하면 생육된다. 그러니 오직 세상에서 지극히 정성을 다하는 사람만이 나와 세상을 변하게 할 수 있는 것이다"

영화 '역린'에 나오는 중용 23장의 내용이다. 영화는 관객으로 하여금 현대인들에게 잊혀져가는 성리학의 중용을 각인시키며, 중용을 베이스로 삼아 새롭게 출발할 것을 권유하는 역할까지 감행한다. 영화에서 정조는 경연을 열어 학문을 열심히 하라는 신하들에게 중용 23장을 외워보라며 다그친다. 잘난 체하는 신하들이 아무도 대답을 못하자 내시인 상책에게 외워보라고 하며 신하들의 탁상공론을 나무란다.

중용(中庸)은 공자의 손자인 자사(子思)의 작품이다. 본래 대학(大學)과 함께 예기(禮記)에 기록되어 있는 것을 주희가 각각 따로 떼어내 논어, 맹자와 함께 사서(四書)라 하여 주석을 달아 사서집주(四書集註)를 펴낸 데서 비롯되었다. 이로써 중용은 주자학, 즉 성리학의 경전이 된 것이다.

정조는 성리학의 대가로서 총 184권에 이르는 『홍재전서』를 집필할 만큼 대단한 학문적 열정의 소유자였다. 왕권을 강화하여 그 힘으로 조정의 기강을 바로잡고 정사를 펼치고자 하는 의도가 있었다.[29] 한다. 성리학은 고려 충렬왕 때 전해지고 조선 사대부의 사상적 기반이 되었다 하니 수백 년은 족히 된 학문이다. 그럼에도 불구하고 21세기 영화 역린에서 강한 여운을 남기며 등장한 중용 23장은 지금 이 시대, 우리에게 꼭 필요한 문구란 생각을 하게하며 자기 성찰의 기회를 가시라고 충고하는 듯하다. 중용 23장은 얼마 전 우리의 아까운 청년들 수백 명의 생명을 앗아간 세월호 사건으로 아직도 차가운 물속에서 육신조차 찾지 못한 십 수 명의 단원고 학생들과 그 유가족을 상기하게 한다.

우리가 진작 작은 일에도 최선을 다하고 정성스럽게 하였다면 일어나

29) www.naver.com(김동민 칼럼) 참조

지 않았을 사건들은 우리의 부족함과 무관심으로 비롯된 일임이 틀림이 없다. 특정한 누구누구의 탓이 아닌 우리들 모두의 책임임을 중용 23장은 말하고 있다. 길가에 버려진 휴지 한 조각, 담배꽁초 하나라도 놓치지 않는 정성스러움과 최선을 다함이 있었던들 일어나지 않았을 일임을 우리는 너무나 잘 알고 있다.

바다에서의 선박운항 매뉴얼은 파일에 꽂혀진 문서에 그치고 있었다. 그뿐이랴 각종 건물에 설치된 소방방재시스템은 세계 최고의 IT산업의 발달로 세계적 수준의 품질을 자랑한다. 하지만 사용 메뉴얼은 방치되고, 관리부재로 발생하는 잦은 오작동을 방지하기 위해 전원을 차단해버리는 일조차 비일비재하니 있으나마나 한 빈 깡통이 되어버리기 일쑤이다.

건설현장의 안전관리시스템은 어떤가? 우리나라 건설현장에서는 매일 5, 6명의 건설노동자가 산업재해 사고를 당하고 있다고 한다. 정부는 산업재해를 줄이기 위해 정부 및 민간공사 전체에 안전관리비 일정 퍼센트를 지급하게 하여 예산을 추가 집행한지도 십 수 년이 되어간다.

그러나 그 안전관리비는 실체적 행위는 없는 서류만 있는 돈 먹는 하마가 되어가고 있는 것은 아닌지 의심스럽다.

1990년대에 도입된 ISO시스템은 모든 시스템을 문서화하고 매뉴얼화하여 비치하도록 만들었다. 이를 도입한 회사에는 입찰에서 가산점을 부여하는 등의 인센티브까지 제공되었다. 그러한 시스템들은 제대로 작동하고 있는지 점검해 보았어야 했다. 아니 지금이라도 제대로 작동하고 있는지 살펴보아야 할 것이다. 문서와 매뉴얼만 있고 실행은 없는 관리

부재의 현장이 얼마나 되는지 살펴보아야 한다. 이 문서화 절차조차 어느 날부터인가 심사기관의 난립으로 ISO인증은 남의 회사 문서를 컨설턴트가 베껴주고 심사비용만 내면 인증서가 발부되는 매뉴얼만 있고 실체는 없는 휴지인증이 된지 오래이다.

수백 년 전 우리나라에 도입된 성리학의 실사구시는 아직도 영화 '역린'에서 정조임금의 지적처럼 탁상공론과 공염불만 하다가 '세월호 침몰'이라는 엄청난 비극을 우리에게 안겨주었다.

"오직 세상에서 지극히 정성을 다하는 사람만이 나와 세상을 변하게 할 수 있는 것이다." 라는 중용의 의미를 이제 우리는 다시 생각할 때이다. 해양경찰청이 해체되고 국가재난처가 신설된다고 한다. 새로 신설되는 국가재난처의 모든 이들은 중용23장의 내용을 기관의 기본 매뉴얼로 삼으면 어떨까? 비단 관계기관의 각오만이 필요하랴. 우리 모두 내 탓이요! 라는 심정으로 중용 23장을 생각하고 또 생각할 때이다.

영화감독은 선견지명이 있었음인가? 국가가 재난을 당한 이 시점에 우리 모두에게 대오각성의 기회를 제공하게 한 영화를 만들어 관객들에게 상기 시켰다.

(2014. 5. 24.)

명량 그 이후

- 영화 '명량'을 보고

초등학교 4학년 때이다. 소설책은 고사하고 교과서를 준비할 형편도 안 되어서 이곳저곳 친지나 동네 선배들이 보던 책을 수소문하여 겨우 주요 과목만 준비하여 공부를 해야 했던 시절이다. 교과서 이외의 다른 책을 읽는다는 것은 생각조차 할 수 없었던 그때 나에게 독서를 할 수 있는 절호의 기회가 찾아왔다.

내가 다니는 학교는 제주 시내에서 조금 떨어진 곳에 위치한 시골학교이다. 우리 학교에 뜻있는 재일동포들이 수많은 장서를 기증하여 도서관을 만들었다. 소설책이 무엇인지, 위인전이 무엇인지를 수업시간에나 들을 수 있던 나에게 담임선생님은 도서관의 사서를 맡겼다. 사·오·육학년이 한조가 되어 도서관 지킴이가 된 것이다. 그때 말로만 듣던 『성웅 이 순신』이 내가 뽑아든 첫 번째 책이다. 아마도 특별한 지식이 있어서

가 아니고 동네 오빠들이랑 들판을 가로지르며 달리던 전쟁놀이에서 들었던 장군 이름이 '이순신'이어서 그랬음직하다. 아마도 그때부터 나는 역사소설이나 영화에 대한 특별한 관심이 시작되었다고 할 수 있을 것이다. 영화 '명량'은 그 연장선상에서 나에게 다가왔다.

1597년 원균의 조선 수군은 칠천량 해전에서 대패한다. 누명을 쓰고 파직 당했던 이순신은 겨우 12척의 배와 전의를 상실한 소수의 수군과 두려움이 가득한 백성만을 가진 삼도수군통제사로 재임명된다. 그러나 수하 장수들의 전의 상실과 두려움, 수군의 전승을 기대하기 어려운 상황이라 여긴 조정과 왕은 수군을 폐하고 육군에 합류할 것을 강권한다. 그러나 이 순신은 간곡히 청원한다.

"저 임진년(壬辰年)부터 지금까지 5, 6년 동안 적이 감히 충청, 전라도를 곧장 돌진해 오지 못했던 것은 실상 우리 수군이 길을 막았기 때문입니다. 이제 제게 전선이 아직도 12척이나 남아 있습니다. 죽을힘을 내어 항거해 싸우면 오히려 할 수 있는 일입니다. 이제 만일 수군을 모두 폐하여 버린다면 적은 천 번 만 번 다행한 일로 여길 뿐더러, 충청도를 거쳐 한강에까지 갈 것입니다. 바로 그것이 제가 걱정하는 바입니다. 그리고 또 전선은 비록 적지만, 제가 죽지 않는 이상 적이 감히 우리를 업신여기지 못할 것입니다.[30)]"

이와 같은 장계를 올린 이순신은 마을을 모두 불태우고 수하 장수들과 군졸, 백성들을 극한의 두려움으로 무장시킨 채 명량으로 나아간다. 울돌목은 빠른 물살이 암초에 부딪치는 소용돌이 소리가 20리 밖까지 들린다하여 명량(鳴梁)이라 부른다 한다. 이순신 장군은 그곳을 이용하여 아군의 열세를 극복하고자 한다. 장군은 아군 소유의 판옥선의 특성과 일본군선의 특성을 세밀히 파악하고 분석하여 전투에 임한다.

영화는 시작되고 12척의 판옥선이 일자진을 펴고 나아갈 것을 명하는 이순신 장군(최민식 분)의 명령과 함께 내 가슴도 방망이치기 시작한다. 새까맣게 몰려오는 적선을 향해 일자진으로 나아가는 배의 행렬은 적군이 가까워질수록 긴장감을 더해간다. 대장선이 앞장선 형태의 일자진은 시간이 지날수록 대장선만이 나아가는 형국이 되었다. 두려움에 휩싸여 전의를 상실한 수하 장수들이 배를 뒤로 물리는 초유의 사태가 발생하는 순간에도 장군은 그들을 나무라거나 독려하지 않는다. 그들이 두려운 마음을 움직일 수 있을 때까지 기다리기로 함일 것이다.

절체절명의 순간에도 수하 장수들에게 강요하지 않고 자진 참여할 수 있도록 함이 옳다고 여길 수 있는 큰마음을 품으셨기 때문이리라. 영화

---

30) 『이충무공전서(李忠武公全書)』 권13, 부록5, 행록1

의 박진감 넘치는 긴장감 탓에 내가 놓쳤는지 보이지 않았지만, 역사에 의하면 장군은 적선들의 전진대형을 미리 짐작하고 수중에 철 그물망을 미리 쳐놓는다. 그물망에 걸려 넘어지며 적선들끼리 부딪혀 넘어지는 틈을 이용하여 포를 쏘아 불타고 부서지게 하는 전략을 편다. 적의 혼란한 상황을 목격한 대장선은 적진 깊숙이 들어가 백병전에 돌입하며 영화관의 음향은 극에 달한다. 관객은 오금이 저리는 긴박감에 자리를 박차고 일어나 버릴 것 같은 충동을 참느라 가슴이 터질 듯 부풀어 오른다. 사방이 적선에 둘러싸인 대장선은 배가 부서지든 말든 배를 이리저리 돌리며 적선도 대장선도 모두 부서지는 상황이 된다. 이를 본 적장은 이순신의 죽음을 무릅쓴 임전에 혀를 내두른다. 대장선이 부셔져 침몰하려는 찰라 이를 본 백성들이 정탐선 등 조그만 배를 이끌고 달려들어 대장선에 밧줄을 걸어 살려낸다. 대장선의 전투를 지켜보던 그들은 두려움을 용기로 바꾸기 시작한다. 두려움을 용기로 바꾸기 위한 전략은 장군의 목숨을 건 사투를 통해 몸소 보여줌으로서 성공하기 시작한 것이다. 뒤로 빠져 방관하던 수하 장수들도 마침내 포를 쏘아대며 나아가 전투에 임하며 전쟁은 승리한다.

어디서든 가장 큰 적은 내부에 있다고 했다. 토요토미가 이순신과의 해전을 전승으로 이끌기 위해 특별히 선임한 적장 구루시마는 일본연합군 장수들의 질시의 대상이 된다. 이순신장군의 죽음을 불사한 전투에서 수세에 몰린 구루시마(류승용 분)는 아군의 지원은 받아보지도 못한 체 목이 잘리는 신세가 되고 만다. 해적 출신이라는 구루시마 또한 물살을 이용하여 임전하였지만 토요토미 사후 조선을 가지려는 그의 사욕이 그의 목숨을 내놓게 했음이 아닐까? 반면 이순신 장군은 명량해전에서 그의 수하 장수가 적에게 그렇게 당한 것처럼 구루시마의 목을 높이 메달아 나아감으로서 억울하게 죽어간 수하 장수의 원혼을 위로한다. 이는 패전의 두려움에 떨고 있던 수군과 백성들에게 두려움을 용기로 바꾸는 계기를 마련한다. 또한 정탐을 맡은 송여립은 정탐내용을 전하고자 적선의 노꾼이 되어 나아가나 적병의 총에 맞아 움직일 수 없는 상태가 된다. 죽음을 앞에 둔 그의 필사적인 몸짓은 말 못하는 아내에게 전달되어 치마를 벗어 흔들어 정보를 전달하게 하며 남편의 죽음을 헛되지 않게 한다. 장군은 수군과 백성 모두 한 마음, 한 몸이 되게 함으로서 명량해전을 승리로 이끈다.

영화 '명량'은 요즘의 시대적 상황과 맞물려 우리에게 강한 비트의 음량으로 시사점을 던져준다. 이순신 장군께서 백성들의 두려움을 용기로 바꾸었듯이 우리도 이제 무언가 새로운 전환점을 마련하여야 함이 옳다. 잠시 명량해전 격전지에서 일어난 세월호 사건을 생각해 본다.

세월호의 그들을 앗아간 부도덕하고 몰염치한 장삿속은 모두 버리고, 백성의 안위를 보장하고자 구국의 칼을 세웠던 명량 해전의 지혜가 필요하다. 정치권과 관가는 기득권을 버리고 민생을 챙기는 데 소홀함이 없어야 할 것이고, 기업은 상생과 협력의 완성을 통하여 분배의 정의를 생각해야 할 때이다. 국회가 정치권과 기득권층의 이익을 위해서 존재하는 졸렬함을 버리고 백성이 있어야 나라가 있음을 말씀하셨던 장군의 뜻을 잊지 말아야 할 것이다.

명량해전 그 이후 이순신 장군은 노량해전에서 사투를 벌인 끝에 승리하였지만 위대하게 전사하시어 백성들에게 큰 슬픔을 안겨 주었다. 그러나 퇴각하는 적군을 향한 장군의 집요한 공격으로 꽁무니를 빼고 일본군은 도망하는데 급급한 신세가 되었으며 이로써 정유재란은 종지부를 찍게 된다.

출전하기 전 장군은 "살고자 하면 죽을 것이요, 죽고자 하면 살 것이다." 라고 외치며 전장에서 죽고자함으로 나아가 승리함으로서 살신성인의 리더십을 보여준다. 이제 우리들도 이처럼 나아가 명량해전 그 이후, 세월호 사건 이후, 살신성인까지는 아니더라도 서로를 이해하고 보듬을 줄 아는 아름다운 가슴으로 우리가 나아갈 길을 마련해야 함이 옳다.

(2014. 8. 17.)

자부심을 찾아서
- 영화 '우먼 인 골드'를 보고

어느새 여름이 중턱에 와 있다. 마른장마가 지나고 남녘 지방에 접근한 태풍 탓인지 하늘은 마치 가을 같다. 긴장감을 증폭시켰던 메르스가 잠잠해지기 시작해서인지 일상 속에 갇혀 있는 시간이 답답해온다.

바쁜 일상을 마친 금요일 오후 갑자기 나에게 다가온 영화이다. 영화가 주는 반향이나 감동은 때로는 가슴 뭉클한 진한 여운으로 남겨지기도 한다. 이 영화가 오늘 내 가슴에 그런 감동을 주기에 충분하다.

영화 '우먼 인 골드'는 헬렌미랜과 라이언레이놀즈 주연의 영화다. 세계적인 화가 구스타프의 클림트의 초상화이자 오스트리아의 모나리자로 불리는 명화 아델레 블로흐바우어의 초상 '레이디 인 골드'를 중심으로 진실을 되찾고자 했던 여성 마리아 알트만의 실화를 그린 영화이다.

나치에 의해 국가에 재산을 몰수당하고 가족을 두고 도망쳐야 했던

마리아 알트만이 가족의 추억이 담긴 그림을 되찾고자 시작한 8년 동안의 지루한 재판과정을 소재로 한 영화이다. 개업에 실패한 변호사 랜디는 로펌에 취직한 날 어머니로부터 그녀의 친구인 마리아 알트만의 그림을 찾기 위해 변호를 맡아 줄 것을 부탁 받는다. 마지못해 마리아를 방문한 랜디는 꽤 귀찮은 표정을 지으며 거절하려 한다. 랜디는 조사과정에서 구스타프 클림트의 초상이 1,500억 원이나 되는 거금이라는 사실을 알게 된 후, 시쳇말로 잿밥에 관심을 보이게 되고 급기야 로펌을 설득해 마리아와 함께 오스트리아를 방문한다.

그러나 오스트리아는 그림이 국가 소유라는 강력한 주장과 함께 거금의 공탁금이 있어야 재판을 할 수 있다는 사실을 알게 된다. 그들은 현실적으로 어쩔 수 없는 절망에 처한다. 미국에 돌아온 랜디는 자신의 순수하지 못했던 시작을 부끄러워하지만, 그의 아내는 그를 이해하고 위로하며 용기를 낼 것을 종용한다. 아내의 권유에 힘을 얻은 랜디는 마리아 알트만의 그림을 꼭 찾아주고 싶다며 로펌을 그만두고 소송을 시작한다. 랜디와 마리아 알트만은 미국의 대법원까지 가는 지루한 소송 끝에 마침내 미국에서 소송할 수 있음을 결정하는 판결을 받아낸다.

대법원 판결을 계기로 강경 일변도였던 오스트리아 정부는 조금 부드러워졌고, 급기야 정부 당국은 조정을 수락한다. 8년 동안의 긴 소송에 지친 마리아 알트만은 소송을 포기하겠다고 하며 따라 나서지 않았지만, 랜디는 포기하지 않겠다며 혼자 오스트리아로 떠난다. 그는 방문 국 오스트리아에서 저녁시간, 오스트리아의 유명한 음악가였던 그의 조부 쇈베르크의 음악을 감상하며 자기 자신 또한 오스트리아인임을 상기하고 자신의 정체성을 느끼기 시작한다.

조정위원회의가 열리고 랜디의 열정적 변론이 진행되고 있는 그 시각, 마리아는 자기를 위해 나서 준 랜디의 열정에 힘을 실어 주기 위해 왔다며 랜디 앞에 선다. 변호사 랜디는 말한다. "마리아 알트만은 자유를 찾아 미국으로 왔고 나는 그녀에게 정의까지 선물하고 싶다"며 오스트리아 법정의 위원들에게 호소한다. 결국 조정위원회는 마리아 알트만의 손을 들어준다.

그 후 변호사 랜디는 나치 등에 의해 빼앗긴 문화유산을 찾기 위한 로펌을 설립하여 크게 성공하였다. 마리아 알트만은 오스트리아로부터 돌려받은 그림을 미국의 박물관에 전시한 대가로 받은 돈을 기증하고, 사회적 기여 등의 훌륭한 족적을 남겼다 하니 조상이 남긴 유산에 대한 대가는 오늘도 계속되고 있는 것 같다.

영화는 유베르투스 체르닌의 역의 디니엘 브릴을 통해 나치에 조력한 그 후손들의 뉘우침 또한 강조한다. 유베르투스는 화목하고 부유한 집안에서 자라며 자기 할아버지와 가족들을 가장 존경하고 사랑하였다 한다. 그러나 그는 조부가 나치의 조력자였음을 알게 되었다. 그 후 그는 나치에 의해 희생된 사람들을 위해 도움을 주고 싶어 그에 관련된 잡지사 기자가 되었다며 생면부지의 마리아와 랜디에게 접근한다. 의심의 눈초리를 보내는 랜디를 아랑곳 하지 않고 자료 수집 등의 도움을 준다.

이 시점에서 우리의 현실은 어떠한지 생각해보게 한다. 일제 강점기 동안 수많은 수탈과 핍박을 받은 우리의 선조들과 역사를 생각해보자. 조선의 식민지화를 강력히 주장했던 조상을 둔 아베는 도움은커녕 조선의 침략마저 미화하려 하고, 정신대의 실체마저 호도하려 한다. 독일인과 일본인의 전쟁범죄에 대한 극명한 차이를 보여주고 있음이다. 자국민의 강력한 반대에도 꿈쩍하지 않고 자위대 관련법을 개정하며 군국주의 부활을 꿈꾸고 있다. 우리 또한 일제 강점기 동안 수탈당했던 수많은 문화재가 세계 도처에 흩어져 있지만 아직도 돌려받지 못하고 있다. 오늘, 우리에게도 "자유와 정의까지 선물하고 싶다"며 나서는 변호사 랜디가 절실히 요구되는 시점이 아닌가 한다.

영화는 그녀로 하여금 재판과정 동안 간간히 과거를 회상하게 한다. 그녀가 오스트리아를 떠나던 날 그녀의 아버지는 "누구도 우리의 자부심을 빼앗아 갈 수 없다"며 그녀를 보낸다.

그리고 우리를 기억해 달라던 아버지의 마지막 말은 그녀가 자유를 찾아 떠난 미국 생활에서, 그리고 초상화를 찾는 과정에서 그녀를 가장 강력하게 지지했던 말이었으리라. 그녀가 기억해야할 조상들의 얼과 사랑이 담긴 그림이었을 테니까 말이다. 우리에게도 일제로부터 우리나라를 찾을 수 있도록 노력한 선열들에 대한 자부심을 가져야 할 때이다. 허허로운 만주 벌판에서, 상해에서, 피폐해져가는 조국의 땅에서 목숨을 걸고 지켜 내고자 했던 선열들의 피 끓는 열정을, 사랑을 잊지 않아야 하리라. 히틀러의 폭압 속에서도 꿋꿋이 자신을 지켜냈던 오스트리아의 그들도, 우리의 조상들도 모두 우리가 자랑스러워해야할 위대한 분들이기에 우리는 그들을 잊지 않고 기억해야 하리라.

최근 신문이나 뉴스는 온통 국정 교과서 문제로 갑론을박이다. 우리의 역사를 놓고 갑과 을이 서로 다른 관점에서 역사를 바라보다 보니 서로가 잘못 되었다고 난리다. 부끄럽게도 최근의 한국사 교과서를 본 적이 없으니 나 또한 무어라 말할 입장이 못 된다. 다만 아쉬움이 있다면 여·야, 진보와 보수의 탈을 모두 벗어 버리고 영화 속의 마리아 알트만과 랜디처럼 내 나라와 선열들에 대한 자긍심과 진실을 담아 교과서를 쓰면 안 될까? 그 교과서로 훗날 우리의 아이들에게 참 교육이 되게 하고 그 아이들이 조상들에 대한 자긍심을 가질 수 있도록 진정성 있는 교과서를 만들 수 있길 바랄 뿐이다. 마리아 알트만의 아버지가 그랬던 것처럼 우리도 우리 아이들에게 진정한 자부심을 선물해 줄 수 있으면 하는 바람이다.

(2015. 7. 19.)

벤 아저씨

- 영화 '인턴' 감상 후

숀 코네리. 로버트 드니로, 알 파치노 등 '007'과 '갱스터 무비'의 단골배우인 이들은 내가 믿고 보는 배우이다. 믿고 보는 배우 로버트 드니로의 영화 '인턴'이 극장가에 떴다. 그는 마론 브란도, 로버트 드니로, 알 파치노로 이어지는 영화 대부에서 카리스마의 결정판을 보여주었던 배우이다. 영화 속 그의 모습은, 예의 그 카리스마는 온데 간데 없어지고 늙수그레한 노신사가 되어 중후하고 조금은 가엾어진 모습이나. 세월에 장사 없다 했으니 서양 배우라고 다르겠는가? 시간이 그의 카리스마를 중후함으로 바꾸어 놓았음이다.

영화 '인턴'은 전화번호부 인쇄를 하던 회사 부사장인 벤이 은퇴 후 초로의 노신사가 되어 그가 다니던 회사 건물에 들어선 줄스(앤 헤서웨이 분)의 온라인 쇼핑몰 회사의 인턴으로 취직한다. 셔츠를 밖으로 꺼내 입고

SNS가 없으면 하루도 못 견디는 20대 직원들과의 동거가 시작된다. 우리나라 같으면, 아니 미국도 그럴지 모른다. 70대 노인과 20대의 동거는 신구세대의 불협화음이 끊이질 않겠지만, 영화 속에서 벤(로버트 드니로 분)은 젊은 사람을 가르치려 하거나 자기주장을 고집하지 않는다. 어깨 넘어 보이는 젊은이들이 난제를 살짝 살짝 건드려 표 나지 않게 조언을 해준다. 젊은 세대의 미숙함을 부드러운 미소로 고쳐주는 키다리 아저씨가 되어간다. 벤은 40여 년 동안의 풍부한 경험을 드러내거나 자랑하지 않으며 젊은이들의 멘토가 되어 그들 속으로 들어간다. 회사 대표인 줄스의 남편의 바람을 목격한 그는 드러내지 않고 그들을 지켜보며 그들 부부 스스로 서로를 이야기하고 해결해 나가도록 유도하며 그들의 가정을 지키게 한다. 특히 워킹 맘인 줄스가 가정생활을 위하여 회사의 경영을 위탁할 CEO를 구하는 과정에서 벤의 역할은 특별하다. 포장센터에 들른 줄스가 직원들과 소통하는 과정을 지켜본 내용을 말하며 줄스 만이 그녀의 회사의 진정한 CEO가 될 수 있다고 격려하여 줄스의 자신감을 북돋아 준다. 이렇게 벤은 조용하고 섬세하게 신세대의 멘토가 되어간다.

우리의 현실도 베이비 붐 세대의 은퇴가 시작되면서 수많은 중년 또는 노년이 넘쳐난다. 정부와 노동계는 시니어 세대의 재취업을 위한 다양한 프로그램을 운영하고 있지만 아직은 가시적인 성과를 거두지 못하고 있는 게 현실이다. 우리의 20대도 6,70대도 영화 속 벤과 줄스가 되면 어떨까? 영화 속 벤처럼 자신을 드러내지 않고 보이지 않는 손이 되어, 보이지 않는 멘토가 되는 키다리 아저씨가 되면 어떨까? 영화는 20, 30대의 젊은 층이 무조건 기성세대를 구세대라 호도하고, 중, 장년층의 노년세대는 기득권을 놓지 않으려고 안간힘을 쓰는 우리의 현실에 조용한 경종을 울리는 듯하다.

한국노동연구원은 상위 10% 임금근로자가 임금인상을 자제하여 동결한다면 정규직 9만 여 명의 신규 고용창출 효과가 예상되고 최대 11만 개의 일자리가 창출된다는 연구결과를 내 놓았다 한다. 일부 귀족 노동자의 기득권 사수 투쟁이 청년 실업을 유발하고 있음은 말할 것도 없다. 이런 각박한 현실에서 영화 인턴은 우리에게 잔잔한 메시지를 남긴다. 베이비붐 세대 즉 시니어 세대의 재취업은 그들의 경제 활동을 유지시켜 줄뿐만 아니라 시니어 세대의 풍부한 경험과 안목이 젊은 세대와의 교감으로 시너지 효과를 낼 수 있다는 희망을 보여주고 있음이다. 서로 경원시 하지 않고 상대방의 입장을 이해하고 격려해주는 멘토와 멘티의 역할로 귀결 지어지는 문화가 조성될 수 있음을 말한다. 시니어 세대의 경제활동과 젊은 세대의 일자리 창출이라는 두 마리의 토끼를 다 잡을 수 있을지도 모른다는 희망을 보여주는 듯하다.

벤의 격려와 멘토로 자신감을 얻은 줄스는 남편을 용서하고 화해하며, 동시에 자신의 회사를 직접 경영할 수 있는 자신감을 갖게 되며 영화는 신, 구세대의 아름다운 하모니로 진정한 멘토와 멘티의 역할을 제시하는 메시지를 남기고 막을 내린다.

내 인생의 벤 아저씨들을 생각해 본다. 미래를 생각조차 할 줄 몰랐던 초등학교 시절 나에게 꿈과 희망이 무엇인가를 알게 해주신 Y선생님, 수업시간에 다른 책을 읽다 들킨 나에게 좋은 책을 읽는다며 채찍 보다는 반 친구들 앞에서 따뜻한 눈빛으로 칭찬해 주셔서 내 어깨를 으쓱하게 해주신 H선생님, 어렵고 고단했던 사회생활에서 성취감이 무엇인지 알게 해주었던 안산의 L소장님, 진심으로 소중한 것들을 주신 나의 벤 아저씨들이다. 그리고 그 중 으뜸은 묵묵히 최선을 다하며 살아가는 모습을 몸소 보여 주시며 스스로 사는 법을 알게 해주신 나의 어머니 송순년 여사님이시다.

이미 구세대가 되어 버린 나는 어떤가? 과연 벤처럼 표 나지 않는 멘토의 역할을 하고 있을까? 나의 벤 아저씨들에게 받은 사랑만큼 후배들을 위해 그들의 벤 아저씨가 되어 있을까? 스스로를 뒤 돌아보며 반성해 본다. 굳이 말하자면 그다지 훌륭한 벤 아저씨는 아닌 것 같다고 해야하나보다.

젊은 시절의 로버트 드니로의 카리스마와 시니어가 된 벤의 부드러운 모습이 클로즈업된다. 지금도 여전히 가슴 뛰게 하는, 믿고 보는 배우 로버트 드니로를 다시 한 번 느끼게 한다. (2015. 10. 16.)

하나씩 하나씩

- 영화 '마션'을 보고

감자꽃이 하얗게 필 무렵이면 카메라를 들고 감자밭이 지천인 강원도로 감자 꽃을 찾아 나선다. 꽃대가 올라오기 시작하면 감자 알갱이를 키우기 위해 그 예쁜 감자 꽃을 가차 없이 솎아 버리는 농부의 그악스런 손이 닿기 전에 하얗게 핀 감자 꽃을 만나는 것은 행운에 가까운 일이기도 하다. 다행히 어느 게으른 농부의 감자밭이 우리를 기다려 준다면 하는 바람으로 길을 떠나는 것이다.

인간의 꿈과 욕망은 무한하나보다. SF영화에서나 보던 화성의 모습을 연구하고 밝혀내기 위하여 탐사는 점점 더 가속화 되고 있다. 이런 결과인지 지구와 가장 유사하다는 화성에 대한 인류의 집착은 영화를 떠나 현실에까지 다가오고 있는 듯하다. 아마도 그리 머지않아 우리는 화성에서 살아가는 날을 맞이하게 될지 모른다. 이제 오지여행은 화성으로 떠나게 될지도 모른다는 기대감에 살짝 흥분되기까지 한다.

"물 흔적 있는 화성 사막만 남은 이유"라는 표제의 신문 기사를 읽으면서 며칠 전 보았던 영화를 상기시킨다. 신문 기사는 "태양표면 폭발 과정에서 발생한 태양풍의 영향으로 한때 두꺼웠던 화성의 대기가 급격히 엷어졌고 그 결과 지금의 척박한 땅이 되었다"고 전한다.

지난 3월 8일 발생한 행성 간 코로나 질량유출(ICME)[31]은 태양표면이 폭발하면서 전자와 양성자들이 우주공간으로 방출되는 현상을 의미한다. 화성의 대기권에 도달한 태양풍은 화성의 자기장을 크게 뒤흔들었고 그 결과 화성의 자기장이 강하게 요동치면서 긴 덩굴 모양으로 최대 5000km까지 우주공간으로 빠져 나간다. 이때 대기 중 존재하던 이온화 상태의 산소, 이산화탄소 등이 함께 우주로 빠져 나갔다 한다[32].

영화는 화성을 탐사 중이던 NASA 아레스3 탐사대가 화성을 탐사 하던 중, 모래 폭풍을 만나 팀원인 마크 와트니(맷 데이먼 분)를 잃게 된다. 팀원들은 그가 사망했다고 판단하고 다른 임무를 위해 어쩔 수 없이 그를 남기고 떠난다. 극적으로 생존한 마크와트니는 자신을 구조하러 올

31) 코로나 질량 방출(Coronal mass ejection, CME)은 대규모의 태양풍 폭발 현상으로, 가벼운 동위원소 플라스마를 포함하며, 자기장이 태양 코로나 위로 올라와서 우주 공간으로 뻗어지게 된다. 코로나 질량 방출은 태양 플레어와 같은 다른 형태의 태양 활동과 종종 연관되는데 인과관계는 성립되지 않았다. 대부분의 질량 방출은 흑점 집단과 같은 태양 표면의 활성 구역에서 기인한다. 태양 극 대기에는 태양은 하루 3번의 CME를 발생시키고, 태양 극소기에는 5일마다 한 번의 CME를 발생시킨다. 코로나 질량 방출(Coronal mass ejection, CME)은 주로 전자와 양성자를 방출하지만 약간의 헬륨·산소·철 등도 포함되어 있다. 방출된 입자가 지구에 접근하면, 지구의 자기권을 교란하는데, 태양 방면의 자기권은 압축되며, 반대 방면의 자기권은 길게 늘어진다. 자기권이 태양 반대편에서 재결합하면, 엄청난 양의 전기가 발생하며 이 전기는 지구의 상부 대기로 쏟아진다. 이 과정은 강한 오로라를 형성한다. 태양플레어와 함께, 코로나 질량 방출은 전파를 교란하며, 정전을 유발하며, 인공위성 및 전력송신에 피해를 입힐 수 있다.출처:www.naver.com

32) 2015년 11월7일자 매일경제 A2참조

때까지 4년을 버티기 위한 계획을 실천하기로 하고 나사에 자신의 존재를 알리기 위해 노력한다. "된다고 생각하면 안 될 것이 없다"는 신념은 메일을 통해 자신이 살아 있음을 알리게 되고 생존전략에 돌입한다. 식물학자였던 자신의 과학적 지식을 총 동원하여 수소를 폭발시켜 물을 얻고, 자신과 동료들의 인분을 이용하여 실내에서 감자를 재배하는데 성공하지만 예기치 않은 재난으로 필요량의 감자를 확보하는데 실패한다.

그러나 마크 와트니는 불가능 할 것 같던 화성에서 400여일을 살아남는다. 다시 작전은 나사 본부의 구출전략으로 넘겨진다. 나사는 불가능한 시간들을 가능한 시간으로 만들며 마크 와트니 구출작전을 수행한다. 이 구출 작전 동안 그들은 여론과 환경, 그리고 정부의 눈치를 보지 않는다. 오직 마크의 구출을 위해 지위 고하를 가리지 않고 협동하는 모습을 보여준다. 특히 중국은 서방세계에 비밀로 숨겨둔 탐사선을 선뜻 내어주며 동서양 협동의 진수를 보여준다. 나사 본부의 강력한 지원 아래 팀원들은 구출 전략에 성공하고 마크는 뚜껑까지 날려버린 탐사선에 몸을 싣고 화성에서 탈출한다. 마크와 대장 루이의 랑데부 장면은 전 세계에 진한 감동과 휴머니티를 남긴다. 세계는 마크 와트니의 귀환을 축하하며 세계의 화합, 특히 중국과 미국의 협동을 각인시킨다. G2인 두 국가가 보이지 않는 군비경쟁과 경제 전쟁이 치열한 현 시점을 상기 시키려 함일까? 그 영화처럼 두 나라의 협동이 이루어진다면 우주이건 세계경제이건 어떤 상황이 될까? 불현듯 알 수 없는 기대감이 커다란 풍선처럼 증폭된다.

지구로 돌아 온 마크 와트니는 "하나씩 하나씩 해나가다 보면 할 수 있다는 확신을 갖게 된다."고 말하며 후배들을 위한 교육에 들어간다. 영화의 마지막 부분에서 나사의 교육 담당이 된 그는 나사 본부의 보도블록 사이에 삐죽이 고개를 내민 감자의 싹을 보는 장면을 묘사하며 화성에서의 기억을 상기 시킨다. 머지않은 날에 화성에서도 감자가 재배될 수 있음을 보여주는 듯하다.

감자는 1655년 남미 대륙을 침략한 에스파냐의 한 선원이 유럽에 전했다고 한다. 유럽 사람들은 감자 꽃을 보기 위해 기르다가 200년이 지난 뒤에야 감자 덩이줄기를 안데스 원주민들이 식량으로 사용했다는 것을 알게 되면서 식량으로서의 역할을 하게 되었다. 일반 곡식보다 많은 열량을 내고 단백질과 비타민 C가 풍부하며 척박한 토양에서도 잘 자라는 감자는 그 후 유럽의 식량난을 해결해 주기도 했다. 특히 아일랜드에서는 1760년에는 150만 명이던 인구수가 감자 재배 뒤인 1840년에는 900만 명까지 늘었다고 한다. 그러나 감자 역병[33]이 돌아 감자를 거두어들이는 양이 줄어들면서 약 100만 명이 굶어 죽게 되고 이를 계기로 유럽 사람들의 신대륙 이주가 더욱 활발해졌으니 인류 역사에서 감자가 한 일은 매우 크다고 할 수 있다고 한다. 우리나라에는 1824년경 만주에서 들여와 밭에 심어 기르게 되었다[34].

보잘 것 없어 보이는 감자가 유럽 사람들이 신대륙으로의 이주를 시

33) 감자역병균은 난균의 일종으로, 감자에 감자마름병이라는 심한 질병을 일으킨다. 이는 1845년 아일랜드와 1846년 스코틀랜드 고지에서 일어난 감자 대기근의 주요 원인 가운데 하나이다.

34) www.naver.com 참조

작하게 한 것처럼 화성으로의 이주가 가능한 날이 올는지 모른다. 그 날에 다시 하나씩 하나씩 해나가다 보면 새로운 감자를 재배하게 되고 인류의 도전은 성공하게 될지 모를 일이다. 그 날에는 아시아도, 아프리카도, 유럽도, 아메리카도 없는 인류라는 하나의 공동체만이 존재하는 세상이었으면 좋겠다. 어차피 인생은, 세상은 하루아침에 변하거나 이루어지는 법이 없으니 하나씩 하나씩 준비하며 시작하여 봄이 어떨까? 화성에서의 그날을 위하여.

몇 해 전 세계의 지붕이라 불리는 히말라야산맥의 아랫마을에서 만났던 가난하지만 맑고 순수한 아이들의 얼굴이 떠오른다. 그 척박한 히말라야의 아랫마을에도, 화성의 들판에도 감자 꽃이 하얗게 피어날 수 있는 날이 왔으면 좋겠다.

그 메마른 들판에 감자 꽃이 하얗게 피어나는 날, 나는 기필코 카메라를 메고 그곳을 찾아 나서리라. (2015. 11. 7.)

소탈하고 편안하게 쓰는 글

오 경 자
(한국수필문학가협회 부회장)

글을 쓴다는 것은 생각하기에 따라서 아주 쉬울 수도 있고 매우 어려울 수도 있는 일이다. 자신이 하고 싶은 말을 글자를 빌려 쓰는 것이 글인데 뭐 어려울 게 있느냐는 시각으로 보면 쉽고 말은 그냥 하면 되는데 글은 좀 특별한 형식으로 써야 할 것 아니냐는 생각으로 보면 매우 어려워 접근하기 힘들 수도 있다. 그 중 수필은 특별한 형식이 없어도 되니 좀 쉽게 쓸 수 있으리라 생각하기 쉬우나 실제는 그 반대이다. 형식이 없어서 어렵고 그저 생각나는 대로 써 내려가면 된다는 것 때문에 더 힘든 글이 수필이다.

어떻게 써야 자신의 생각을 잘 나타낼 것인가를 고민하다 보면 더 꼬이고 표현이 어려워지기 쉬운데 양호인은 별로 그런 걱정을 하지 않고 편안히 글을 쓰는 작가인 것 같다. 자신의 체험을 바탕으로 쓰고 글감을 주로 신변잡사에서 택해 쓰는 글이 수필인데 그 신변잡사를 차별화해서 은은한 향기를 지닌 글을 빚어내는 것이 그리 녹녹한 일은 아니다. 양호인은 자신의 추억이나 일상에서 일어나는 일들을 아주 소탈하고 부담 없이 그냥 있는 그대로 적어 내려가는 것으로 한 편의 수필을 지어내고 감동을 주는데 성공하는 글쓰기를 하고 있다.

이제 누군가 꿈이 있니 물어보면 글 쓰는 사람이 되고 싶다고 말 할 것이다. 그것이 진정으로 내 인생을 풍요하고 살 맛 나게 해 줄 것임을 믿으므로.　　　　　　　　　　　　–「꿈이 있니 물어보면」 중에서

얼마나 쉽고 편안하게 쓰고 있는가?

일상생활에서 그저 지나칠 수 있는 사소한 일에서 발상이 일어나 글감을 선택하게 되고 그것과 연관된 추억의 창고 속 옛일이 만나 엮어지면서 삶의 진솔한 모습이 자연스레 펼쳐져 나갈 때 독자는 자신의 추억과 일상이 겹쳐지면서 잔잔한 감동을 느끼게 되는 것이다. 여기서 그치지 않고 그런 일들을 통해서 작자는 무엇인가 또렷한 자신의 의사를 전하고 싶어 글을 쓰는 것이고 이 요점을 전하기가 어려워 글쓰기가 아무나 하는 일이 아니라고들 생각하게 된다. 이렇게 꼭 전하고 싶은 것이 바로 글의 주제이다. 이 주제를 잘 드러내고 그 의미를 잘 형상화하기 위해 여러 글감과 예화들이 동원되고 그 선택과 구성이 한 편 수필을 맛깔스럽게도 하고 혹은 밋밋하게도 하는 것이다.

덕수궁 석조전을 찾은 날 우연히 수능시험일인 것을 떠올리며 지난날 수능시험장에서 중도 포기 하고 빠져 나왔던 아들의 어제와 오늘 그리고 미래까지를 연상하며 써 내려가는 글 솜씨는 압권이다. 아들의 행보를 통해 뜻이 있으면 길이 있음을 말하고 고종 황제도 그랬으리라

는 믿음, 그리고 오늘의 한국이 그것을 입증한다는 일관된 주제의 전달과 형상화가 돋보이는 것을 주목하기 바란다.

이웃 여인이 억울한 누명을 쓰고 고통스러워 나락에 떨어진 상황에 접하면서 양호인은 자신의 어린 시절 누명 썼던 일을 글감으로 가져와 잘 짜여진 솜씨를 내보이면서 주제를 형상화하는데 성공한다. 수필이 구성없이 쓰는 글이라는 참뜻은 소설 같은 허구적 구성이 필요 없다는 말이지 글을 그냥 아무렇게나 생각나는 대로 산만하게 써도 된다는 말이 아니다. 이런 면에서 구성에서는 작가의 구성력을 관심 있게 보면 더 재미있게 글을 감상할 수 있다.

이 작품에서는 누명을 썼다가 벗었지만 자신을 잠시나마 벌을 주었던 선생님의 사과성 변명도 그대로 받아들이며 조금도 원망하지 않고 이해하는 넓은 마음의 품성을 지닌 작가를 엿볼 수 있다. 어린 시절이지만 그 치욕적 순간들을 아주 솔직하게 써내려가는 글 솜씨는 수필의 진면목을 보여주는 대목이다. 자신이 초등학교 때 겪었던 어린 시절의 봉변이었던 누명 사건을 딛고 선 체험을 바탕으로 누명 쓰고 앓아누운 이웃 여인에게 보내는 위로와 격려의 몸짓으로 주제를 형상화 시키는 작가는 마음 따뜻한 수필가이다.

양호인은 사진작가이기도 하다. 그는 사진을 찍기 위해 정진하는 활동을 통해 삶을 얘기하고 있다. '조우', '원대리 습격사건' 등 여러 작품에서 그의 사진작가로서의 끼와 끈기를 많이 엿볼 수 있다. 그 끼와 끈기, 근성 등은 바로 그의 문학적 본성이고 작가의 토양이기도 하다. 그는 「배려의 이름으로」에서 이렇게 토로하고 있다.

오늘 네게 미안함으로 얻어진 멋진 사진 한 장이 탄생한다면 그 작품명은 '배려의 이름으로'라 명명하여 그 미안함을 대신 할 수 있었으면 하는 바람을 가져본다. -「배려의 이름으로」 중에서

이 작품은 사진을 찍으려 작심하고 제주행을 결심하고 떠나는데 소문을 들은 친구들이 동행을 원해 거절하지 못하고 내색도 안한 채 흔연히 그들을 즐겁게 해가며 함께 동행 한다. 그 사이 사이 들키지 않게 신경 쓰면서도 내심은 사진에만 정신이 다 가 있는 상황을 그린 작품이다. 이 글은 작가의 인간미가 물씬 풍겨나는 작품이다. 제목 그대로 친구들을 향한 배려의 마음이 가슴 따뜻하게 하는 글이다. 바로 수필의 진수를 지닌 글이다.

수필은 이야기를 만들어내서 흥미를 유발 시키는 글도 아니고 오직 작가의 체험에서 나오는 진솔한 고백과 그것을 통한 작가의 관조를 보면서 함께 감동을 받을 수 있으면 저 바랄 것이 없는 길인데 그것이 그렇게 쉬운 작업이 아니다. 수필은 짧은 글이기에 문장이 치밀하고 사경적 표현으로 작가의 주제 전달을 극대화시켜야 하는 문장의 특성이 있다. 여기서 사경적 표현을 지극히 설제하면서 극적인 부분을 강조해야 하는 어려움이 있다. 양호인은 어린 시절 골목대장이던 추억을 맛깔스런 표현으로 독자의 입가에 미소를 머물게 하면서 공감을 불러 일으켜 독자를 어린 시절로 초대하는데 성공한다.

비 개인 오후 우리는 흙으로 둑을 쌓고 물길을 내어 아름다운 강과 호수를 만들었다. 둑을 쌓은 위에는 돌멩이를 주워 모아 우리들의 집도 만

들었다. 내 인생 최초의 도시 설계인 셈이다. -「골목안 꼬마제왕」

수필은 체험에서 글을 시작하는 특성에다가 솔직히 써야 하는 점 때문에 작가가 글감을 선택하고 그 속에 자신이 전하고 싶은 주제를 담는데 있어 진지하고 진솔해야한다. 이런 점에서 돋보이는 수필이 '빨간 구두 아가씨'라 할 수 있다. 젊은 시절 자신이 겪었던 난감한 상황을 솔직하고 소상하게 쓰고 있는 이 글은 사경적 표현이 돋보인다. 그보다도 더 중요한 것은 이 수필은 구성력이 탄탄한 작품이라는 점이다.

지금은 현장 진입로를 미리 조성하여 말끔히 포장한 후 공사를 시작하지만, 그 당시에는 어림없는 일이다. 비가 오면 진입로는 흙탕물 범벅이 된다. 비가 그치기를 기다렸더니 갑자기 하늘이 말짱해지고 햇볕이 쨍쨍 내리쬐는 무더운 날씨가 되었다. 10여분 걸리는 진입로를 빠져나오는 동안 겪었던 그날의 일은 지금도 생생하다. 빨간색 하늘거리는 블라우스에 군청색 후리아 치마, 빨간 구두를 신은 내 모습은 그날 오후에 결혼식장에 가야했던 터라 한껏 멋을 내어 입은 옷차림이었다. 흙탕물 범벅이 된 진입로는 개천처럼 변해 있어 길가 가장자리 돌부리를 간신히 디디며 빠져나와야 했다. …(중략)

그날 온통 흙 범벅이 된 내 빨간 구두는 어쩔 수 없이 물걸레로 닦이는 수모를 겪은 후에야 말끔한 모습으로 예식장 안에 들어갈 수 있었다. 세상살이는 공짜가 없다. 어렵고 고달픈 시절, 그 숱한 날들을 나와 함께 견디어 낸 나의 빨간 구두가 남긴 발자국은 훗날 내 인생의 한 모퉁이에서 크나큰 기둥이 되어 나를 지켜주고 있었음을 오랜 시간이 지난 후 알게 되었다. -「빨간 구두 아가씨」 중에서 양호인은 이 수필에서 자신이 처녀시절 일하는 과정을 통해 현재의 자신이 있음은 독자에게 전하는 메시지를 담는 그릇으로 선택했다. 초반에 자신의 입지에 대해 얘기하면서 오늘의 결과를 미리 예측하지는 못했지만 막연히 무언가 이루어 내고야 말겠다는 강한 의지를 돋보이게 함으로서 독자, 특히 젊은이들에게 미래는 준비하면 되는 것이라는 주제를 확실히 표출하고 있다.

수필은 일상생활에서 일어나는 자신의 체험에서 글감을 선택하는 특성으로 인해 신변잡사를 나열하고 있을 뿐이라는 혹평에서 자유롭기 어려운 장르이다. 이것은 그 체험에서 얻은 글감을 작가만의 체험으로 차별화 시키지 못하고 그저 일상의 소개 정도에 그치기 때문이다. 양호인은 그런 면에서 신변잡사를 수필로 빚어내는 작가의 소양을 많이 지니고 있는 작가라 할 수 있다. '감동의 자장면'에서 그는 자장면 한 그릇이 어째서 감동이 되는가를 따로 강조함 없이 장애인들과의 활동을 담담히 써내려가는 것으로 자신의 메시지를 자연스럽게 전하고 있다. 또 그 안에 주제가 숨어서 잠깐씩 번득이는 기법으로 장애인과 그 가족의 아픔, 정책적인 제안, 그리고 이웃으로서의 관심과 배려, 그리고 사랑을 따뜻하게 전하고 있다.

이런 작자의 따뜻한 심성은 「어머니가 계신 그곳」이라는 작품에서도 잘 드러나 있다. 자신이 산후에 이유도 불분명한 증상으로 사경을 헤맬 때 전에 자취하던 집 부인의 따뜻한 간병으로 회생하고 그 인연으로 양부모로 모시게 되면서 이어가는 친 부녀 사이 못지않은 부녀의 인연을 전혀 호들갑스럽지 않게 잔잔히 그려가며 결말에서 자신의 메시지를 분명히 전하고 주제를 형상화 시키는 세련된 글을 쓰고 있다.

언제부터인가 몸이 불편하거나 마음이 불편하거나 찾아가는 곳, 굳이 말로 표현하지 않아도 내 쉼의 시간을 평안함으로 채워주시는 분, 어머니가 계신 그곳이다.

-「어머니가 계신 그곳」 중에서

양호인은 평생을 전문직 여성으로서 그야말로 일, 가정 양립을 몸소 실천하며 살아온 여성이다. 그가 아들에게 갖는 애정 또한 대단하지만 조용히 삭이면서 그 가 변하는 모습에 자신을 겹쳐 보면서 수필을 써내려가는 솜씨가 돋보인다. '내 안으로의 여행'과 '신의 한 수'에서 어머니로서의 자식에 대한 사랑을 잘 그리고 있다. 그러면서 자신의 갈 길과 각오를 주제와 연결하여 잘 형상화 하고 있다.

나도 이들처럼 다시 시작할 것이다. 글쓰기와 함께. 그동안 방치해 두었던 내 안의 것들과 함께 내 안으로의 여행을 시작할 것이다. 내 안으로의 여행에서 찾은 나와 함께 세상 밖 새로운 여행도 다시 시작할 것이다.

-「내안으로의 여행」 중에서

총을 들고서야 철이 든 아들은 제대 후 과감히 다니던 학교를 접고 새로 전공을 바꾼 선택이 '신의 한 수'가 될 수 있음은 앞으로 어떻게 자신을 가꾸고 정진해 나가느냐에 달려 있을진대 그 나아감의 길에 어미가 한 조각의 토양이라도 기름지게 해 줄 수 있었으면 하는 바람이다.

-「신의 한 수였어」 중에서

누구에게나 있는 어린 시절, 힘들었던 일, 모두가 가난했던 시대적 아픔을 함께 갖고 있지만 그 치부를 드러내는 일은 쉽지 않다. 그런데 양호인은 자신의 학창시절 힘들고 어려웠던 중에 일어났던 사건 하나를 글감으로 붙잡아 시대적 공감대를 불러일으키는데 성공한 작품을 쓰고 있다. 이것은 오늘날 자신의 행위가 당당하게 그날의 황당했던 장면을 한 폭의 수채화처럼 스스럼없이 진솔하게 그려내고 있다. 주제를 따로 강조하지 않고서도 행간을 통해 잘 전달하며 형상화 시킨 수작이다.

야간학교 시절 학교 앞 삼미 빵집의 빵 냄새에 코만 벌름거리며 교실로 향하던 학생들이 어느 날 일탈하는 내용의 글을 통해 시대적 아픔, 미래를 향한 야무진 꿈으로 역경을 견뎌내는 모습 들을 함께 전하면서 가슴 뭉클하게 하는 이 작품은 그 꿈을 이루어낸 승자만이 쓸 수 있는 당당한 글이다. 그러면서도 작가는 전혀 자랑하거나 으스대지 않아서 작품이 돋보인다. 작가 양호인을 따라 우리 함께 삼미 빵집으로 가보는 일로 오늘의 수필 평을 마치고자 한다.

내 손 바닥만한 빵이 손가락 마지막 마디만큼 남았을 때이다. "양호인 그대로 일어나!" 마지막 빵이 입에 막 물리는 순간이었다. 나는 어쩔 수 없이 빵을 입에 문 채 그대로 일어 설 수밖에 없었다. …(중략)

"빵을 물고 나와!" 반 친구들은 요즘 말로 빵 터졌다. 여기서 키득 저기서 키득 난리도 아니다. 나는 그 아까운 빵을 문채로 손을 들고 교단 옆에 섰다. 입에 문 빵은 침에 젖어 자꾸만 녹아든다. 어쩔 수 없이 조금씩 삼킬 수밖에. 마지막 빵은 입술에 간신히 걸터앉았다. 그런 내 모습이 우스운지 친구들은 자꾸만 키득거린다. 아마도 내 얼굴은 처음엔

홍시였다가 흙빛이 되어가고 있었을 것이다. …(중략)

해가 뉘엿뉘엿 넘어가는 등굣길에도, 밤 10시가 넘은 하굣길에도 우리의 꿈과 낭만 그리고 열정을 함께 했던 그곳 삼미 빵집은 우리 시대의 젊은 날, 우리들의 초상이다. …(중략)

아무리 시대가 변하고 질이 좋아져도 역시 그 시절 삼미빵 맛을 따라갈 수가 없음은 내 가슴 속에 살아 있는 추억의 맛이 독특함 때문이리라.

-「우리들의 초상」 중에서

좋은 수필의 요건 중에 유머와 해학은 빼 놓을 수 없는 것인데 막상 쓰기는 정말 녹녹치 않은 일이다. 양호인은 이 수필에서 그 절박한 상황을 유머로 표현하는데 성공하고 있음을 주목해 보면 더 좋은 감상이 된다. 수필가 양호인은 그 역량을 이 작품에서 유감없이 보여주고 있다.

수필가 양호인은 사진작가로서의 예리한 관찰과 뜨는 끼를 잘 배합하여 주제가 선명하면서 감동을 극대화 시키고 잔잔한 감성으로 공감대를 형성하는데 성공한 작가이다. 이러한 그의 수필세계가 독자에게 친근감을 불러일으키는데 좋은 토양이 되리라고 믿는다. 앞으로 더욱 문장을 더 쉽게 전달할 수 있도록 부담 없이 써내는 자신감을 더 했으면 하는 바람이다. 사진과 더불어 세상을 보는 양호인 수필의 진수를 맛보면서 여유를 즐기는 독자의 복을 누릴 수 있는 이 책의 일독을 권하는 바이다.

나 할리(Harley) 타는 여자야

2016년 8월 5일 초판 인쇄
2016년 8월 10일 초판 발행

지은이 / 양호인
발행인 / 강석호

발행처 / 도서출판 교음사
편집 / 隨筆文學社 出版部

110-775 서울 종로구 경운동 88 수운회관 1308호
Tel (02) 737-7081, 739-7879(Fax)
e-mail : goessay@kornet.net

등록 / 제300-2007-52호

* 잘못된 책은 바꿔 드립니다. 값 12,000원

ISBN 978-89-7814-688-3 03810